JN008902

ナラティブカンパニー

THE NARRATIVE COMPANY

企業を変革する「物語」の力

本田哲也
Honda Tetsuya

東洋経済新報社

はじめに

子どもに本を読み聞かせていると、気づくことがある。本の中で語られている「物語」は、世界中で世代を超えて読み継がれてきたストーリーであればあるほど、（ごく稀に例外に出くわすものの）とても面白く、普遍的で、引き込まれる。しかし、それだけに留まらず、物語のエッセンスのようなものが、それを聞いている子どもたちや読み手である自分にまで「拡張」し、その時間がより豊かなものに変わることがあるのだ。

例えば、永遠の名作である『不思議の国のアリス』の読み聞かせがひと段落したとしよう。

「アリスみたいに、一人きりで不安だけどワクワクするような時って、君には最近あった？」

「うん、あったよ。パパにもそういう時あった？」

子どもと一緒に盛り上がる。いつの間にか、アリスが主人公だった物語は、僕たちが主人公の話に置き換わっている。でも、物語の大事なエッセンスは失ってはいない。『不思議の国のアリス』という物語のテーマ――個人的な解釈では、「孤独と好奇心による成長」について――が、僕や子どもの人生経験にまで拡張する。僕たちはアリスの物語に登場はしないけれど、「孤独と好奇心による成長」という物語はアリスと共有できる。この瞬間、単独で一方通行に語られていた物語は、「ナラティブ」となる。「アリスが主役のストーリー」が、「わたしが主役のストーリー」にまで拡張し、自分ゴト化し、共感が増し、ずっと長い間記憶に留まるのだ。

これこそが、本書で言うところの「コレクティブ・ストーリー（複数の集団共有ストーリー）」であり、**物語的な共創構造であるナラティブ**を出現させる本質である。

本書は、日本でおそらく初めて、ビジネス視点で「ナラティブ」を解説する書である。

ナラティブの定義や実践の方法は本編に譲るが、次のような問いに関心を持つ読者の皆さんには、きっと価値があるはずだ。

- コロナ禍によって企業活動の何が変わり、何が変わらないのか？
- 「パーパス」を設定したはいいが、ここからどうすればいいのか？
- 現在の不寛容な社会で、どうしたら炎上を回避する発信ができるのか？
- ＳＤＧｓやＤＸに、本当はどう取り組めばよいのか？
- なぜ、ここまで売れる商品と売れない商品の「格差」が開いているのか？

ひとつだけ確信を持って言えることは、「ナラティブ」は、これからの時代に極めて重要な概念であり、それを理解し実践することは、**企業価値に直結する**ということだ。「物語」の力が企業を変革し、企業の価値を高めていくのである。

本書の企画は、ちょうど一年前にあたる２０２０年４月初旬まで遡る。新型コロナウイルスの感染拡大を受け、まさに緊急事態宣言が発出されようとしていたころだ。ＰＲ（パブリックリレーションズ）の専門家として、「企業と社会の関わり方や情報発信のあり方にも大きな影響を及ぼすだろう」と僕は直感した。

　では具体的に何が変わり、何が変わらないのか？　その要素を体系的に整理していく中で、主軸となるテーマを「ナラティブ」とした。

　一方で、近年注目されるキーワードの「相関関係」を体系的に整理する必要も感じていた。ナラティブ、パーパス、パーセプション、デジタルトランスフォーメーション、オーセンティシティ、ＳＤＧｓ――「横文字の、それらしいバズワードには惑わされないぞ」と警戒する気持ちもわかる。もちろん過去には、単なるバズワードとして消費され消えていった概念もあった。しかし僕は、少なくともこれらの言葉や概念には注目される必然的な「意味」があると思っている。問題は、それぞれが単発的に解説されていることだ。個別の街の存在は知っていても、それぞれの街のつながり――どこが発着駅でどこが終着駅なのか――を知らずに旅はできない。

　本書の構成はこうだ。まずプロローグでは、「ナラティブ」の正体を明らかにする。ビジネスにおけるナラティブを定義し（混乱を招くことが多い、「ストーリーとの違い」も明確にする）、近年のナラティブを巡る潮流を解説し、その実践を試みる企業を「ナラティブカンパニー」と定義する。

　ＰＡＲＴ１では、ナラティブカンパニーが出現する社会的な変化を解説する。とくに今回の新型コロナウイルスの感染拡大がもたらした影響が大きい「３つの変化」——①「共体験」価値の高まり、②「社会的距離」の見極め、③「自分らしさ」が問われる——について述べていく。

続くＰＡＲＴ２は、いわば「実践編」だ。ナラティブカンパニーがとるべき「実践の５つのＳＴＥＰ」——①パーパスの設定：ナラティブの「起点」を定める、②パーセプションの形成：ナラティブの「目的」を明確にする、③ナラティブスクリプトの作成：ナラティブを「描く」、④マルチエンゲージの展開：ナラティブを「共創」する、⑤効果の測定：ナラティブを「はかる」——を、国内外の豊富な事例を交えながら解説する。

最後のＰＡＲＴ３では、より企業経営的な観点から、「どうすればナラティブは企業の血肉となるか？」について考察する。ここでは、昨今の企業経営と関連が深い３つの領域——「ソーシャル・レスポンシビリティ：責任を果たすナラティブ」「ビジネス・トランスフォーメーション：変革を進めるナラティブ」「ビヘイビア・プリンシプル：行動を起こすナラティブ」——において、事例も交えながら企業価値に直結するナラティブを探っていく。

このあたりで、筆者の自己紹介をしておこう。僕の専門領域はＰＲだ。過去20年近く、世界的なＰＲグループに所属していた。２００６年に戦略ＰＲの専門会社をグループ内に新設し、13年間にわたって代表を務めた。２００９年に上梓した『戦略ＰＲ——空気をつくる。世論で売る。』（アスキー新書）が、ありがたいことにベストセラーとなり、広告やマーケティングに従事する皆さんにＰＲの価値を再認識していただく一助となれた。そして２０１９年に、戦略立案に特化した「本田事務所」を設立し独立。大企業からスタートアップまで幅広い企業をクライアントに、ナラティブの戦略立案やコンサルティングを手がけ、現在に至る。

さあ、ここからいよいよ、ナラティブの探求を始めよう。

『不思議の国のアリス』のアリスはウサギ穴に落ち、見たこともない経験をしながら成長する。本書が読者にとって新しい発見となり、ニューノーマル時代に成長し飛躍するヒントとなることを願っている。

2021年4月吉日

本田哲也

プロローグ

ナラティブの時代がやってきた

PART 1
なぜナラティブが求められるのか？
――ニューノーマルの3つの変化

PART 2 ナラティブを実践する5つのステップ

PART 3 企業価値に直結するナラティブ

プロローグ

ナラティブの時代がやってきた

伝説のアップル「1984」CM

無機質な空間。そこを行進する、灰色の服に身を包んだ大勢の無表情な男たち。やがて彼らは巨大なスクリーンのある部屋に到着し、規律正しく着席する。スクリーンに映し出される、独裁的な雰囲気をかもし出す眼鏡の男性――「ビッグ・ブラザー」の演説を聴く彼らの表情は変わらず、何の意思も感情も読み取れない。鳴り響くビッグ・ブラザーの演説は、独裁色を増していく。

そこに、追っ手を振りほどきながら一人の若い女性が駆け込んでくる。灰色の男たちとは対照的に、女性が身につけているのは白いタンクトップに鮮やかなオレンジのショートパンツだ。その手には、巨大なハンマーがしっかりと抱えられている。やおら、彼女はプロのハンマー投げの選手よろしく回転し、スクリーンに向かってハンマーを投げつける。

次の瞬間、ビッグ・ブラザーが映し出されたスクリーンは派手に破壊され、灰色の男たちは驚愕し、何かから覚醒したような表情を見せる。

そのシーンを背景に、メッセージが流れる。

「1月24日、アップルコンピューターはマッキントッシュを発表する。そしてあなたは、1984年が小説『1984』のようにはならないことを知るのです」

１９８４年、アップルが「マッキントッシュ」の発売時に、全米中が注目する「スーパーボウル」で流した伝説的なＣＭ、「１９８４」だ。あまりにも有名な作品なのでご存じの読者（とくに広告業界の諸兄姉）も多いと思うが、このＣＭのベースになったのは、イギリスの作家ジョージ・オーウェルのＳＦ小説『１９８４』。独裁者「ビッグ・ブラザー」が支配する監視社会を舞台にしたものだ。

言うまでもなく、ビッグ・ブラザーは当時のコンピューター業界を独占していたＩＢＭ社を象徴し、革命をもたらすハンマーの女性はアップルを象徴する。灰色の聴衆は、わかりにくいインターフェース技術のしがらみから「解放」される、世界中のＰＣユーザーだ。このＣＭは絶賛され伝説となり、その後のアップルの快進撃の大きなきっかけとなったことは皆の知るところだろう。

さて、実はここに「ナラティブ」の原点がある。「マーケティングや企業広報の最新の概念としてナラティブに関心があるのに、いきなり40年近く前のＣＭの話？」と思われた読者の皆さん。僕は広告作品として伝説化したこのＣＭの話をしたいのではない。もちろん、広告業界のレジェンドたるリー・クロウが生み出し、かのリドリー・スコットが監督したこのＣＭは今でも色あせることなく、語るべきことに限りはない（それはそれで語り出したら止まらないだろう）。

しかし、僕がここで、本書でテーマにしているのは「ナラティブ」だ。そして、このＣＭにこそ、これから紐解いていくナラティブという概念へのヒントが隠されている。

ナラティブとは、「物語的な共創構造」である。何らかのストーリー性をはらんだ構造の中で、企業活動――広告やマーケティングはもちろん、商品開発や人材採用に至るまで――が行われる。物語的な構造には、消費者やユーザーはもちろん、従業員や取引先や株主などのあらゆるステークホルダー（利害関係者）が巻き込まれる。物語の「聴衆」としてではない。その「当事者」として、だ。

１９８４年のアップルのＣＭがこれほどまでの成功を収めたのは、ＣＭ＝広告作品としてのクオリティもさることながら、そこにナラティブ＝物語的な構造があり、その中で世に放たれたからなのだ。

ＩＢＭによる市場の独占。独占で利を得るものと、それによる不利益を被るもの。独占を続けたい意思と、解放を求める意思。独裁者ｖｓ．救世主の図式――２０２０年に続編が放映され人気を得たドラマ『半沢直樹』のように、そこには人を惹きつける物語性がある。これがナラティブの本質なのだ。

「そう言われても、まだわかったような、わからないような……」――それはそうだろう。極めて重要な概念ながら、なかなか理解しきれないナラティブ。本書では、ここからじっくりと、丁寧に解説していきたい。

そうそう、最後にもうひとつ（これは、ジョブズのプレゼン最後のお約束言葉でもあった）。追って解説するけれど、**ナラティブの特徴のひとつは、「終わりのない物語」だということ**。起承転結があって最後に「ＴＨＥ ＥＮＤ」を迎えるストーリーとは違って、物語的な構造であるナラティブに終わりはない。常に現在進行形なのだ。そう、このアップルの「１９８４」にも続きがある。物語は、一気に２０２０年の現在（執筆時）に飛ぶことになる。

フォートナイトとアップル

２０２０年６月。事の発端になったのは、１９８４年には存在しなかったある企業が、アップルに送ったメールだった。その企業とは、超人気オンラインゲーム『フォートナイト（Fortnite）』を提供する、米エピックゲームズ社（以下エピック）。フォートナイトは、いわゆる仮想空間でバトルをしたり、独自の世界を創作したりするマルチプレイゲームである。３億５０００万以上の登録ユーザーを抱え、欧米では社会現象にすらなっている「お化けゲーム」だ。

今回のコロナ禍でも、リアルイベントが次々に自粛される中、２０２０年４月に人気ラッパーであるトラヴィス・スコットのバーチャルライブを開催。なんと前代未聞の１２３０万人以上を集客した。日本でも、８月に米津玄師が同じくバーチャルライブを行い、話題となった。

話を６月に戻そう。エピックがアップルに送ったメールは、「フォートナイトだけ特別にストアを通さないで課金できるようにしてほしい」という要求だった。これをアップルは即座に拒否。エピックはアップル批判を開始し、フォートナイト内でユーザーへの直接課金制度を強行実施した。これに怒り心頭のアップルは、「利用ガイドライン違反」を理由に「App Store」からフォートナイトを削除。グーグルもこれに続き、同ゲームは「Google Play」からも削除された。つまり、新規ダウンロードが一切できなくなったわけだ。

これにはエピックも黙ってはいられない。２０２０年８月、エピックはアップルとグーグルをカリフォルニアの裁判所に訴えるという行動に出る。「販売価格の30％を利用料として支払うというルールが一方的であり、独占禁止法を犯している」というわけだ。

なんともアメリカらしいと言えばそれまでだが、この巨大企業同士の「ケンカ」は、意外な展開を見せる。提訴の直後、フォートナイトの公式ツイッターにある動画が公開されたのだ。

動画視聴を開始した瞬間、それが完全なる「１９８４」のパロディだということに人々は気づく。あまりにも有名な、「ビッグ・ブラザー」の場面。違いは、実写ではなくＣＧで描かれていること、灰色の男たちは仮想空間におけるフォートナイトのアバターたちであること、そして極め付けは、眼鏡をかけた独裁者ビッグ・ブラザーが「左上が欠けたリンゴ」の顔をしていることだ！

ラストシーンで、駆け込んできたアバターの女性勇者が放った武器で、巨大スクリーンは粉々に砕け散り、以下のメッセージが流れてくる。

「Epic GamesはApp Storeの独占に異議を唱えました。報復として、Appleは10億ものデバイスでFortniteをブロックしています。２０２０年を『１９８４』にしないための闘いに参加してください」

なんと皮肉たっぷりなやり方だろうか。僕はフォートナイトのユーザーではないし（キャリアの最初がゲーム会社なので興味がなくはないのだが）、長年マックとｉＰｈｏｎｅを愛用しているので、どちらかと言えばアップルファンだろう。しかし、この動画を見たときは、思わずエピックに心の中で拍手を送ってしまった。そして思った。「エピックはナラティブを理解している企業であ

図表0-1　「フォートナイト」はアップルの「1984」CMになぞらえた動画で対抗

出所：フォートナイトの公式ツイッター

る」と。

　この動画は、１９８４年の物語なしには成立しない。そして見事に、今回の「ビジネス騒動（＝企業当事者間の争い）」を、「物語的な共創構造（＝より多くの人々が関心を持ち関与する構造）」に変えてしまった。「１９８４年の物語はまだ続いていた。かつての革新者アップルは、２０２０年の今やビッグ・ブラザーとなっていた。新たな革新者こそがフォートナイト（エピック）である」――これが、エピックが社会で獲得したいパーセプション（認識）だ。

　アップルへの風当たりは強く、独占禁止法に抵触しているかどうかを巡っては米国で公聴会も開かれている。本書の執筆時点で、この騒動は現在進行形であり、その行方はわからない。ただひとつ言えるのは、この騒動は、「ナラティブ」たるものを理解するのに大きな示唆を僕たちに与えてくれるということだろう。

さて、１９８４年から２０２０年という、長い時間軸の物語から序章を始めた。ここで、本書における「ナラティブ」の定義を示しておこう。

ナラティブとは、「物語的な共創構造」である。

ナラティブは人を動かし、話題をつくり、あらゆる企業活動に貢献する。ナラティブの考え方は、これまで企業情報発信の手段とされてきた広告やＰＲといった方法論とはレイヤーを異にする。あるいは市場創造活動であるマーケティングにも大いに関係するが、ナラティブ＝マーケティングでもない。こう言ってしまうと、読者の皆さんをまたモヤっとさせてしまうだろう。

しかし、このプロローグでは、皆さんに「ナラティブを理解してもらうこと」「これからの企業活動に欠かせない発想と認識してもらうこと」を目的としている。具体的なフレームワークや手段論はＰＡＲＴ２でも解説していくので、引き続きナラティブについての理解を深めていこう。

そもそも「ナラティブ」とは何なのか？

さて、ここでちょっと教科書的な話にお付き合いいただこう。そもそもナラティブとは何なのか？　辞書を当たれば、だいたいこのように出てくる。

ナラティブ（narrative）：

物語。朗読による物語文学。叙述すること。話術。語り口。（『デジタル大辞泉』より）

「物語ってことは、『ストーリー』とは何が違うの？」——必ず出る疑問である。ナラティブというワードを仕事や講演などで使うたびに、ほぼ１００％聞かれる質問だ。ナラティブを理解するにあたって最大の鬼門である「ストーリーとの違い」については、後で「３つの違い」としてしっかりと解説する（実はそれがナラティブの明確な理解にもつながる）が、ここではとくにこの「語る」というニュアンスを捉えていただきたい。一般的にもなじみのある、「ナレーション（物語を語ること）」「ナレーター（語り手）」といった言葉は、すべて語源を同じくする親戚のようなものなのだ。

ナラティブは、文芸理論用語としての顔も持つ。１９６０年代、フランスでは文化における「物語の役割」についての関心が高まった。その過程で、「ストーリー」とは異なる文芸理論上の用語として「ナラティブ」という言葉が定着したと言われる。文芸理論の世界では、「ナラトロジー（物語学）」という物語構造についての独立した分野もあるようだ。なかなかに興味深くはあるが、ちょっと余計な深みにハマりそう（笑）なのと、本書の趣旨とは異なるので、この話はこのぐらいにしておこう。

一方で、「ナラティブ」が、具体的な実践に転用されてきた領域がある。それが医療と教育の分野だ。医療分野においては、医療従事者と患者の対話のあり方が、「ナラティブ・アプローチ」として１９９８年に提唱され、今に至っている。「物語に基づく医療」とも呼ばれる。医師の立場からすると、「病気」はひとつの疾患と捉えるにすぎない。しかし患者の立場からすると、それは「自分の人生」という物語における、ひとつの「章（チャプター）」なのだ（比較的大きな病気をした経験がある方なら、共感できるのではないだろうか）。

患者と医師の対話は治療の一部として重要だから、患者さんを「物語の主人公」として捉え、自分の病気をどう考えてどう向き合っていくかを話し合う、それが医療におけるナラティブ・アプローチの要諦だ。

なんとなく、医師を「企業」に、患者を「生活者」に置き換えてみると、本書の主眼であるビジネスやマーケティング領域にも合致してくるように思える。

教育におけるナラティブ・アプローチはどうか。ここでは、「医師と患者」の関係が、「先生と生徒」に置き換わる。医療現場と同じで、基本となる考え方は「学校や学級の主人公は、あくまで子どもたちである」ということ。とりわけ日本の教育現場では、教師（大人）がつくった枠組みに子どもたちが適応することが求められてきた側面がある。それを、教師主体から、主人公である生徒の物語にシフトする。

あくまで子どもたちが自分の物語をつくり、先生はそれをサポートする。それが結果的に、子どもたちが主体的に考える力も伸ばす。これが教育現場におけるナラティブ・アプローチのポイントだ。

医療と教育分野の話はこれくらいにしておこう。あまりなじみのない領域の話だったと思うが、勘の良い読者は、なんとなくその共通項にお気づきかもしれない。そう、ナラティブ・アプローチの中心に「物語」という大きな要素が鎮座しているのは言うまでもないことだが、同時に「主人公のシフト」――医師から患者へ、教師から生徒へ――という、いわば**「物語の主体変更」**が大きな要素を占めているのだ。このことは、ナラティブを理解する上で非常に重要なポイントのひとつだと認識しておいていただきたい。

ビジネスにおけるナラティブ

２０１９年10月に米国で刊行された、ある経済学の本が話題を呼んでいる。その名も『Narrative Economics（ナラティブエコノミクス）』。著者はノーベル賞も受賞した著名な経済学者、ロバート・シラー教授だ。新しい経済分析のアプローチであるナラティブ経済学（Narrative Economics）は、これまで主流だった行動経済学（Behavioral Economics）とは異なり、経済事象を起こしている背後には「ナラティブの力」が作用している、というのがその要諦だ。

シラー教授によれば、あらゆる経済事象は、「エボラ出血熱のような感染症」と同じような普及曲線を描き、やがて収束する。そして、それを引き起こしている正体がナラティブ――ある固有のストーリーを人々が話し、社会共有することだと主張する。さらには、これまで世界ではさまざまなナラティブが繰り返され、進化し、経済に影響を与えてきたというのだ。

例えば世界的なムーブメントとなった「ビットコイン」は、１８７０年代に起こった「金銀複本位制ナラティブ」に端を発する。最近のＡＩによる仕事の代替論争も、実に２００年以上続く、「機械が仕事を奪うナラティブ」の最新版にすぎない。歴史上、人々が本質的なナラティブ（その背後に不安や不満があればより強い動機になる）を語り継ぎ、それが経済実態を引き起こすというわけだ。

シラー教授の引用は経済のみならず、政治の世界にまで及ぶ。かつてナチスは、ヒトラーの「ナラティブ力」で、大恐慌の最中にもかかわらず支持率を５％から40％まで劇的に向上させたし、トランプ大統領は「機械が仕事を奪うナラティブ」などを巧みに使って支持を集めた。

『Narrative Economics（ナラティブエコノミクス）』は、３７７ページに及ぶ大著だが（興味ある読者はぜひチャレンジしてほしい）、同書におけるシラー教授の主張の中で、僕はとくに以下が重要だと思っている。

ひとつには、経済事象を起こすナラティブは**「複数の集団共有ストーリー（Collective Stories）」**でなくてはならない、という点。そしてもうひとつは、過去20年にわたって、膨大な量のナラティブデータ――不況や新しい経済圏の出現などが起こったとき、人々が何を語りどう考えたか、という記録――にアクセス可能になったことが、ナラティブと経済事象の関連性を強めた、という考察だ。

いずれにしても、本書で扱う「ナラティブ」という概念が、世界的なビジネスシーンでも急速に注目されているという事実は認識しておくべきだろう。

こうした潮流に、（おそらく本書の読者に最も近いであろう）マーケティングや広告ＰＲの領域が無関係でいられるはずもない。ここ数年——僕の感覚で言えば3、4年ほど——の間に、世界的なマーケティングやブランドコミュニケーションの領域で「ナラティブ」というワードの出現率は確実にあがっている。「ナラティブ・マーケティング」や「ストラテジック・ナラティブ」などのバズワードも、（業界ではいつものことだが）見かけるようになった。

従来、これらに最も近い業界用語は、「ストーリーテリング」「ブランドストーリー」だったはずだ。２０００年頃の「ブランディング」の流行を受けて、とにかくブランドは自らの物語（ストーリー）を生み出し、それを発信し、消費者の気を引こうとした。そうした試みの多くが成功を収めたと同時に、インターネットの普及との二人三脚で、世の中は有象無象の「企業ストーリー」で溢れかえった。

バズワードの横行も激しい業界ではあるが、似たような新しいコトバが台頭するには、それなりの合理的な理由があるというのが僕の信条でもある。「ストーリー」と呼ばれた領域は、なぜ今「ナラティブ」という概念にとって代わられようとしているのか？——それにはまず、ストーリーとナラティブの違いを理解することから始めなければならないだろう。

ナラティブとストーリーは何が違うのか？

さあ、プロローグも折り返し地点にさしかかってきた。このあたりで、「ナラティブ」というものを一度まとめてみよう。まず、繰り返しになるが本書におけるナラティブの定義は「物語的な構造」だ。物語的な構造の中で、企業活動——とくに情報発信活動が遂行される。その傘下には、広告やPRなどあらゆるコミュニケーション手段が包含される。

さらに言えば、そこでは発信の「目的／領域別仕分け」——いわゆるコーポレートコミュニケーション（企業広報）、商品広告、ブランド広告、SNSアカウント運用——などの分類も意味を持たない。ナラティブとは「物語的な構造」そのものなので、単独のコミュニケーション手段で成立するものではない。逆に言えば、あらゆる発信活動の総体が、その企業のナラティブを形成するとも定義できるし、意味のあるナラティブのために、あらゆる発信活動を総動員するとも定義できよう。

さて、話を進めよう。前述のとおり、ナラティブに関しての最大の疑問は、「ストーリーとは何が違うの?」だ（そして読者もまだ、その疑問を持ち続けているのではないだろうか）。ここでは、ナラティブとストーリーの決定的な違いを、大きく以下の3つで整理する。どれも、いわゆる「物語」を構成するのには欠かせない要素、**「演者」「時間」「舞台」**の3つだ。

1　「演者」の違い
2　「時間」の違い
3　「舞台」の違い

では、それぞれを解説していこう。

1 「演者」の違い

まずは、「演者」だ。「この物語の主人公は誰か？」ということ。ストーリーにおける主役は、あくまで企業やブランドである。あなた（生活者）は、演者ではない。オーディエンス（聴衆）だ。それに対し、**ナラティブではあなた（生活者）が主人公だ。**決してステージを見上げる聴衆ではなく、あなたも演者として物語の中に存在している。ストーリーにあなたは参加していないが、ナラティブではあなたはその一部なのだ。ナラティブにおける企業やブランドは、あくまで「演者の一人」に過ぎない。

『プロジェクトX～挑戦者たち～』や『ガイアの夜明け』といった、いわゆる経済ドキュメント番組は人気があるし、そのＰＲ効果は計りしれない。しかし、これらの番組における主役はあくまで「企業」であって「あなた」ではない。冒頭のアップルの話では、１９８４年のコンピューターユーザーである「あなた」や、２０２０年のフォートナイトユーザーである「あなた」は、れっきとしたナラティブの登場人物なのだ。

2 「時間」の違い

次に「時間軸」について。ストーリーには必ず、「始まり」があり、「終わり」がある。それに対し、ナラティブには終わりはない。**常に現在進行形なのがナラティブだ。**ストーリーには、いわゆる「起承転結」があり、企業ストーリーとは主に過去の話か現在完了形である。ナラティブは「未来をも」包含する。「これから起こること」も含めてナラティブなのだ。

知る人ぞ知る話かもしれないが、アマゾンの新規サービス検討会議では、担当者は必ず「未来のプレスリリース」を用意しなければならない（これについてはＰＡＲＴ３で取り上げる）。ジェフ・ベゾスは、「顧客の未来体験＝ナラティブ」でその価値を判断するからだ。アップルとフォートナイトの事例は、１９８４年に端を発して、現在進行中である。「閉演ベルの鳴らない舞台劇」――それがナラティブだ。

３　「舞台」の違い

最後に物語の「舞台設定」について。ストーリーの舞台は、その企業が属する業界であったり、競合環境だったりする。それに対し、**ナラティブの舞台は「社会全体」**だ。ストーリーは会社起点であり、ナラティブは社会起点である。ストーリーは企業からの一方通行な物語だが、ナラティブは社会で共有される物語だ。ストーリーは企業の声や思いを体現するものだが、ナラティブは社会の集合的な考えや価値を体現するものだ。

１９８４年のアップルの話は、「独裁社会からの解放」という社会普遍的なナラティブをそもそも含んでいる。フォートナイト（エピックゲームズ）は、「訴訟」という社会的な行動をとった上で、動画を公開している。ユーザーや従業員、取引先までを含む、社会という舞台でナラティブは展開されている。

いかがだろうか。ストーリーとナラティブの違いがクリアになっただろうか？　この違いを正し

図表 0-2　ナラティブとストーリーの違い

	Narrative	Story
起点	創業者や企業の強い思い	
演者	・あなた（生活者）	・企業やブランド
時間	・常に現在進行形 ・「これから起こること」を含めた未来の話	・始まりと終わりが存在する ・起承転結型
舞台	・社会全体	・その企業が属する業界や競合環境

く認識することが、それすなわちナラティブというものの深い理解につながると僕は思っている。

ただし、ひとつだけ、ストーリーにもナラティブにも共通のものがある。それは、「起点」だ。すべての始まり＝起点は、**創業者や企業の強い思い**である、ということだ。「火のないところに煙は立たない」ではないが、それがないところに、どんなストーリーもナラティブも生まれはしない。そうした思い自体は、いつの時代も価値ある尊いものだ。しかし、それを体現する方法論として、僕はストーリーの時代からナラティブの時代に移行しつつあると感じている。

PRとナラティブ

ところで僕は、ＰＲの専門家だ。「はじめに」でも書いたように、ＰＲキャリアはいつの間にか20年を超えた。「世の中の空気をつくる戦略ＰＲ」という概念を提唱してからも10年以上がたつ。そんな僕は、グローバルなＰＲグループにいたこともあって、わりと早い段階で「ナラティブ」という概念を知ることができた。ＰＲによって実現しようとするシナリオを、「ＰＲストーリー」や「ＰＲナラティブ」と呼ぶことが多いが、海外では比較的「ＰＲナラティブ」が使われていたし、僕自身もそっちの方がしっくりきていたように思う。

そして今強く思うのは、到来しつつある「ナラティブ時代」には、ＰＲ的な視点や発想がより重要になるということだ。

ＰＲとは、本来はパブリック・リレーションズ（Public Relations）の略である。直訳すれば、「公的な（＝Public）関係性（＝Relations）」という意味だ。仮に企業だったら、消費者はもちろん、株主や取引先企業、従業員、メディアや専門家といったまわりのステークホルダー（利害関係者）たちと良い関係を築き、それを維持するということになる。

このプロローグでも話してきたように、ナラティブとは企業の一方通行のストーリーではなく、ステークホルダーとともに共創する「物語的な構造」だ。だから、ステークホルダーとの関係なしにナラティブが成立することはない。

また、ＰＲとは本来、主体企業だけではなく「社会全体」を俯瞰する役割を持つ。「ＰＲとは『世の中を舞台にした情報戦略』である」――これは、２０１７年の自著『戦略ＰＲ　世の中を動かす新しい６つの法則』（ディスカヴァー・トゥエンティワン）の冒頭における、僕なりのＰＲの定義だ。前述したように、ナラティブの舞台は社会全体であり、ＰＲが持つ世の中を俯瞰するチカラも、欠かせないものとなる。

最後は、ＰＲの持つフレキシビリティ（柔軟性）という特性である。よく比較されることだが、広告と比較してＰＲはコントロールがしづらい。狙ったとおりのパブリシティが出る確約はないし、インフルエンサーに投稿を強要するわけにもいかない（だからＰＲの仕事はメンタルが鍛えられる）。とにかく、予測不可能な中での遂行が求められる。これを僕は、「変動実行力」と呼んでいる。

ナラティブは起承転結のあるストーリーとは違う。世の中を舞台に、まさに「現在進行形」で進んでいく物語構造なのだ。そこでは、ＰＲが持つ柔軟性や変動実行力が極めて重要になってくる。

誤解しないでほしいのは、「ナラティブ＝ＰＲ」ではないということ。あるいは、「ＰＲ活動だけによってナラティブが形成される」というのも間違いだ。重要なことは、物語構造の中で（あるいは物語構造をつくるために）、広告やＰＲ、ブランドアクションやＳＮＳコミュニティ運営が統一的になされるということなのだ。ベースとしてのＰＲ発想が重要なのは間違いないのだが、この点はよく覚えておいてほしい。

「社会的な共創」が可能に――ニューノーマルの３つの変化

話を進めよう。「ナラティブ」というものの輪郭がつかめてきたところで、「ではなぜナラティブが注目されるのか？　大事になるのか？」という問いへ、焦点を移そう。そこにはまず、ここ数年の大きな社会変化がある。

言うまでもなく、情報環境としてはＳＮＳの浸透とスマートフォンの普及だ。次に、ＳＤＧｓ（国連が定めた持続可能な開発目標）やＥＳＧ投資などに象徴される、世界規模での社会意識の高まり。そして、これらの変化に爆発的なブースト（増幅）をかけたのが、今回のコロナ禍だ。

新型コロナウイルスの感染拡大は、これまでにない体験を僕たちにもたらしたとともに、リモートワークに代表されるような、顕在化しつつあった既存変化のスピードをも加速させた。コロナ禍による急速な社会変化で新しい行動様式が生まれ、今僕たちは新たな世界――「ニューノーマル」の世界に直面している。

そしてさまざまなレイヤーで、あらゆる変化が起こっている。とりわけ企業と社会の関係性――広告やＰＲ、マーケティングの観点から考えると、それは「３つの変化」に集約されると僕は思っている。

３つの変化のひとつめは、**「『共体験』価値の高まり」**である。共体験（コレクティブ・エクスペリエンス）とは、ある集団内、あるグループ内で同じ体験価値を共有することだ。ＳＮＳの浸透で同じ関心を持つ人たちは密接につながり、世の中は「関心のミルフィーユ化」していた。

その中に存在した無数の「共体験」がコロナで加速した。同じ価値観、情報リテラシーを持つ人たちの共体験は深まっている半面、ウイルスへの恐怖、情報リテラシー格差による分断、細分化も加速している。

企業はこうした共体験のマルチ化にいかに対応できるか、特定のターゲットに向けて共体験をいかにデザインできるかが問われるようになる。

図表 0-3　ナラティブが重要になる３つの理由＝３つの変化

「共体験」価値 の高まり	**「社会的距離」** の見極め	**「自分らしさ」** が問われる

2つめが、**「『社会的距離』の見極め」**である。現代では、情報は広告やPRはもとより、口コミ、SNSなどで複合的に伝わっていく。情報の流通や拡散の経路は複雑化していた。そのような中、コロナ禍で生まれたのが「社会的距離（ソーシャルディスタンス）」という新しい様式（制約）だ。

対面で巻き込むことができないし、リアルイベントにも集客できない。いかに、時間と空間の制約を受けずに、ステークホルダーとの間で適切な「間合い」をとるか。企業は、ニューノーマルにおける適切な「間合い」を新しい発想、テクノロジーで実践しなければならないだろう。

最後の3つめが、**「『自分らしさ』が問われる」**である。企業における自分らしさ（オーセンティシティ）とは、その企業らしさであり、そのブランドだからこそ貢献できること。また、ブロックチェーンに代表される分散型技術は「ニセモノ」を淘汰する。企業、ブランド、商品やサービスは「ホンモノ」であることが問われるし、自らのオーセンティシティを定義できなければ消費者に受け入れられない。

これが、ニューノーマルにおける「3つの変化」だ。そして、これらの変化がもたらすのは、**「社会的な共創」――企業と生活者、多様なステークホルダーの共創**の重要性だ。ここに、ナラティブが注目される理由がある。これらの変化については、このあとのＰＡＲＴ１で、事例も交えながらじっくり解説する。

ナラティブカンパニーの出現

「ナラティブってなんだろう？」という興味で本書を手にとってくれた読者の皆さん、いかがだろうか？　少なくとも、ナラティブというものの「輪郭」はつかめてきただろうか？――そう、そのぐらいで充分だ。

本書はまだ始まったばかり。これからどんどん、ナラティブの世界にもっと深く入り込んでいこう。そして、「ナラティブ」のパワーで業績を向上させ、社会的価値を高める国内外のさまざまな企業――「ナラティブカンパニー」について、多くの事例や取り組みを紹介していく。

本書では、ナラティブカンパニーを、以下のように定義する。

ナラティブカンパニー：
「ナラティブ（＝物語的な共創構造）」を生み出し、その構造の中でマーケティングや広告・ＰＲ活動を行うことで、業績や企業価値の向上を果たしている企業

図表0-4　パタゴニアの公式サイトに掲げられる同社のパーパス

出所：https://www.patagonia.jp/activism/

２０２０年現在、世界は「ナラティブカンパニー」で溢れているわけではない。ビジネスにおけるナラティブは新しい概念であり、体系化もされていない。しかし、ナラティブの観点で目を凝らしてみれば、冒頭のアップルのような「生まれついてのナラティブカンパニー」や、成功している企業キャンペーンの要因がナラティブにあることに気づくだろう。あるいは、注目を集める新興企業がナラティブカンパニーであることに気づけるかもしれない。

世界的なアウトドア用品大手として知られるパタゴニア。同社は自身も登山家であるイヴォン・シュイナードによって１９６５年に設立され、ペットボトルをリサイクル活用した衣類やグッズなどで成長してきた。

２０１７年12月。同社の公式サイトに突如、以下のメッセージが現れた。「大統領はあなたの土地を盗んだ（The President Stole Your Land.）」。トランプ政権が、ユタ州のナショナルモニュメント（国定記念物）

指定保護地域の大幅縮小を発表したことに対する反発のアクションだ。パタゴニアは、「トランプ大統領を訴える」とまで発表した。

そして、大統領選を控えた２０２０年。パタゴニアの公式サイトには、「気候変動否定論者を落選させよう」、「２０２０年のアメリカ合衆国上院選挙は、私たちの国の気候政策、そして自然地域に長期的な影響を及ぼします」というメッセージが掲載されている。

パタゴニアは、紛れもない「ナラティブカンパニー」である。ここで同社が展開しているのは、広告キャンペーンでも広報活動でもなければ、ましてやロビイングでもない。パタゴニアは自社が設定したパーパス（ＰＡＲＴ２で解説）にもとづき、「大統領が自然保護区を盗むことを阻止する」というナラティブの中、自ら行動を起こしている。そして、そのナラティブに消費者、環境保護団体、挙句にはアウトドア業界の競合他社までを巻き込んだ。そしてもちろん、このナラティブに終わりはなく、現在進行形なのである。

パタゴニアを特別な企業だと思ってはならない。世界中でナラティブカンパニーは出現し、評価され、成果を上げていくだろう。「ナラティブカンパニーの時代」が始まるのだ。

ナラティブ実践の5つのステップ

そろそろ、プロローグも終わりだ。いよいよ、ナラティブカンパニーの実態と実践に迫っていこう。このあとの「ＰＡＲＴ１」では、前述したとおりコロナ禍を経たニューノーマルにおける「３

図表 0-5　ナラティブ実践の5つのステップ

STEP 1
パーパスの設定：
ナラティブの「起点」を定める

▼

STEP 2
パーセプションの形成：
ナラティブの「目的」を明確にする

▼

STEP 3
ナラティブスクリプトの作成：
ナラティブを「描く」

▼

STEP 4
マルチエンゲージの展開：
ナラティブを「共創」する

▼

STEP 5
効果の測定：
ナラティブを「はかる」

つの変化」について解説する。

その後の「ＰＡＲＴ２」では、ナラティブの実践を、以下の５つのステップで、国内外の最新事例を交えながら解説する。

ＳＴＥＰ１　パーパスの設定：ナラティブの「起点」を定める

ＳＴＥＰ２　パーセプションの形成：ナラティブの「目的」を明確にする

ＳＴＥＰ３　ナラティブスクリプトの作成：ナラティブを「描く」

ＳＴＥＰ４　マルチエンゲージの展開：ナラティブを「共創」する

ＳＴＥＰ５　効果の測定：ナラティブを「はかる」

最後の「ＰＡＲＴ３」では、さらにグローバル企業からスタートアップ企業までの事例を紹介しながら、企業価値に直結するナラティブについて話を展開させよう。さあ、では引き続き、「ナラティブワールド」の探索を続けていこう。

PART 1

なぜナラティブが求められるのか?

——ニューノーマルの3つの変化

1 「共体験」価値の高まり Collective Experience

「同じ空間で、同じ時間に、同じことをする」という体験

「共体験」とは、ある集団内、あるグループ内で同じ体験価値を共有することだ。ちなみに英語で表現するなら「collective experience」がほぼ同じ意味になるだろう。

スポーツ観戦を思い起こしてほしい。スタジアムで観戦していると、どこからともなく観客がウェーブを起こし、それが次々に他の観客に伝播していって、スタジアム全体に一体感が生まれることがある。これが「共体験」だ。「同じ空間で、同じ時間に、同じことをする」ということがポイントだ。音楽フェスなどで、同じ音楽でみんなでダンスをすることも共体験。そういう意味では、盆踊りも共体験である。

こういう話をすると、では「共感」と何が違うのかという質問をいただくことがある。僕は「共

図表 1-1 「共体験」と「共感」の違い

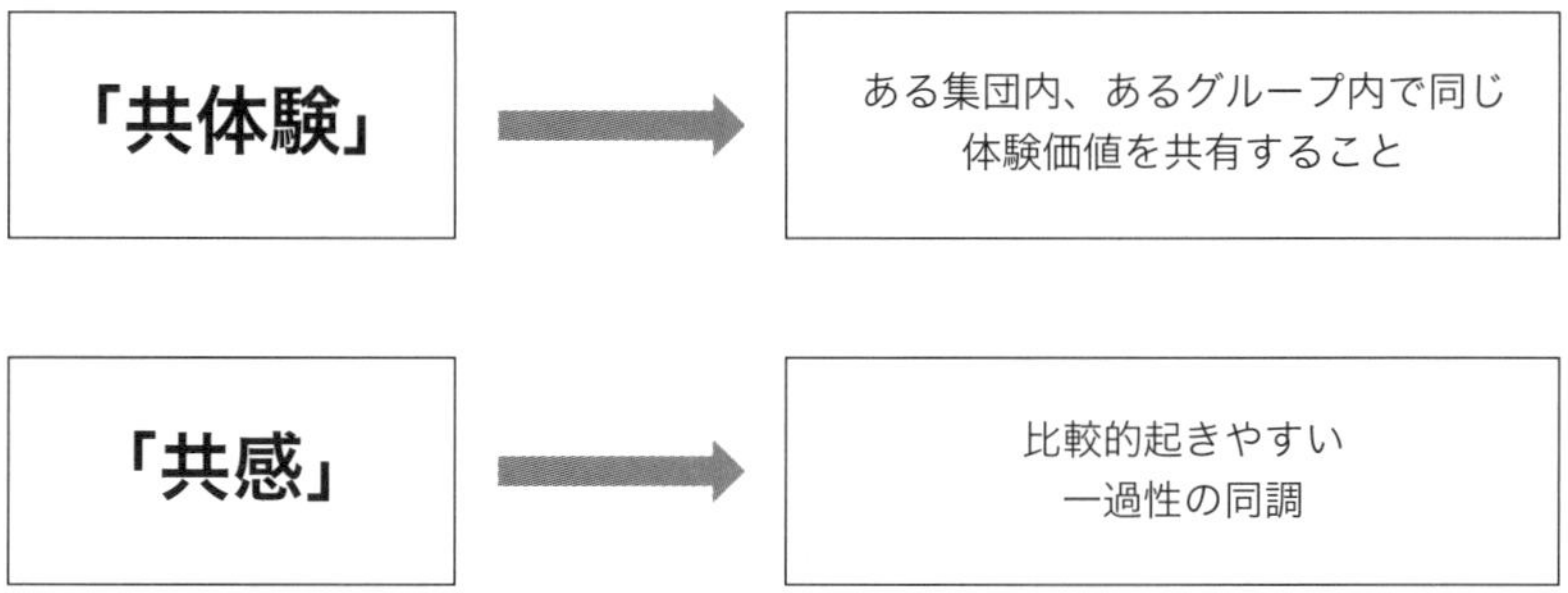

「共体験」と「共感」の決定的な違いは、「価値共有」の有無

体験」と「共感」の決定的な違いは、**そこに「価値共有」があるかないか**、だと思っている。

そして「共体験」よりも「共感」の方が比較的起きやすい。例えば「あの人が言っていることには共感するな」とか、「この歌詞のこの感じ、わかるな～」など、「共感」はどちらかというと「なんか、いいな」くらいの軽さの、一過性のものだと言っていいだろう。

対して「共体験」は「価値を共有する」ことがポイントで、集団内での、ある種の価値やアイデンティティという要素が入ってくる、深くて持続的な結びつきにつながる体験である。

ちなみに、スポーツ教育の分野には「集団的達成」という言葉がある。学校の体育の授業で行われる集団競技や、グループで何かを成し遂げるような競技などで得られる達成感のことだが、これは「共体験」に近い言葉だろう。

そしてこれからは、同じ体験、同じ価値を共有する「共体験」が重要になってくる。

ＳＮＳによって高まる「共体験」価値

さて、この「共体験」とＳＮＳには、深い結びつきがある。なぜなら、「共体験」は同じ関心や興味を持っている人たちから始まるケースが多いからだ。そしてＳＮＳは、同じ興味、関心を持つ人たちが集まりやすく、強く結びつく手段でもある。この数年におけるＳＮＳの浸透、普及が「共体験」価値の高まりに関係している。

ＳＮＳが登場するよりも以前は、今よりもずっと国全体を巻き込んだ「共体験」が強く働いていた。とくにテレビの影響は今よりもはるかに強く、例えば『ＮＨＫ紅白歌合戦』は第14回（１９６３年）に最高視聴率81・４％（ビデオリサーチ調べ）を記録、１９８０年代前半までは、お化け番組とも呼ばれるほどの視聴率を誇っていた。

人気の歌手やゲストが呼ばれ、国民の関心も高いこともあり、新聞や雑誌、民放局さえも紅白の話題を取り上げ、紅白に出演したアーティストの翌年のＣＤ売り上げにも影響を与えた。これほど極端ではなくても、その頃は、みんなが同じことに関心を持ち、同じ体験を持つ機会が多かった。

ところが、ＳＮＳが普及した今は、情報入手がパーソナライズされ、情報流通は限定的になった。自分ではいろいろなニュースを見ているつもりでも、そもそも個々人にカスタマイズされた情報に接しているので、実は偏ったニュースを摂取している。

これは『戦略ＰＲ　世の中を動かす新しい6つの法則』でも書いたことだが、ここ最近の世の中は、前述のような、国民の約80%が同じ関心を持ち体験する機会はほぼない。ある特定の興味、関心で結びついた層が、**ミルフィーユのように多層に重なっている世界**になっているのだ。

これは日本だけの話ではない。例えば、２０１６年のアメリカ合衆国大統領選挙で共和党のドナルド・トランプが、白人労働者層という支持基盤があるはずだった民主党のヒラリー・クリントンを破って勝ったのも、ある特定の層の関心——白人労働者層の関心領域に、あらゆる手段でかなり踏み込んだからだろう。

ちなみに、フェイスブック（Facebook）の創業は２００４年、ユーチューブ（YouTube）は２００５年、ツイッター（Twitter）は２００６年。これらを使いこなして２００８年のアメリカ合衆国大統領選挙で勝利したバラク・オバマは、ＳＮＳを活用した選挙の先鞭をつけたとも言われる。今思えばこの頃から、特定の関心層のミルフィーユ化、多層化は加速していったのだろうと思う。

つまりここで言いたいのは、特定の興味や関心を持つ人たちの多層化、ミルフィーユ化は、日本だけでなく米国など世界中で起こっているということだ。ＳＮＳなどで特定関心層がたくさんでき、それがミルフィーユのように多層構造となり、その関心層の中で、さまざまな共体験が生まれていたのである。

そこに、コロナ禍である。人類が国を超えて一つのことを経験することはほとんどない。新型コロナウイルス感染症の世界的流行は、１００年に一度の「世界的共体験」と言えるだろう。このパンデミックを通じて、さまざまな共体験が強化された。

普段は接点のない人たちが市歌をリモートで作り上げる

ここで、共体験の良い面が現れたエピソードを2つ、紹介しよう。

米国ケンタッキー州ルイビル市の市長は以前から、市に新しいテーマソング（ルイビル市歌）が必要だと考えていたが、実現できずにいた。そうこうしているうちにパンデミックが起こり、ルイビル市でも約1100人の新型コロナウイルス感染者が確認される。新型コロナウイルスの影響はそれだけではなく、ケンタッキー州全体で約50万人が失業を申請し、その中にはルイビル市職員380人も含まれていた。

そこで外出制限措置が実施される中、市民の士気向上と芸術活動を目的として、市長の発注により、クラウドファンディングでのルイビル市歌の制作が行われたのである。タイトルは「Lift Up Louisville（リフトアップ・ルイビル）」。6分の曲だ。

制作はリモートで行われた。そして、地元ルイビルのオーケストラのメンバーやラッパー、ゴスペルシンガー、ビートボクサー、地元で有名なフォークシンガーなど、さまざまな音楽領域の人が制作に携わる。これをリードしたのが地元オーケストラ史上最年少の38歳の指揮者だ。

この活動は非常に高く評価された。というのも、普段バラバラに活動しているアーティストが単にジャムセッションをして作ったのではないからだ。曲が出来上がるプロセスの体験価値を共有し、完成度の高い曲を制作し、市民を勇気付けることにも寄与したからだ。この出来事全体が「共体験」となった。

中高生の自撮り映像がCMになった「ポカリNEO合唱」

日本でも「共体験」の良いエピソードがある。大塚製薬ポカリスエットのＣＭ「ポカリＮＥＯ合唱」篇だ。ポカリスエットは２０１６年から中高生をターゲットにしたＣＭを放映。大勢の学生が一斉に躍動感あるダンスを披露する「ダンスシリーズ」を展開していた。

しかし２０２０年に放映するＣＭの企画段階では、ややハードルの高いダンスではなく、誰もが体験したことのある合唱に挑戦することがすでに決まっており、当初はヒロインと５００人の学生が一堂に会して撮影する予定だった。

それが2月中旬にコロナの影響で撮影を中止することを決定。急遽、企画を再検討し、3月上旬にスマートフォンでの自撮りで撮影する企画へと変更した。出演者はヒロインと、当初予定していた参加者５００人の中の希望者97人で構成。自撮りのガイドラインはあったが、基本的には学生の自由な表現に任せた。

そして学生が自撮りした動画を集め、リモートで編集。新型コロナウイルスの感染防止に対応して撮影を行った映像をどこよりも早く4月10日にユーチューブ、17日にテレビで放映した。すると、ネット上で「元気をもらった」「鳥肌がたった」という声があふれる。ＣＭの「渇きを力に変えてゆく。」というキャッチコピーも、コロナの影響で休校となってしまった中高生のみならず、巣ごもりを余儀なくされていた多くの視聴者に共感、感動された。

これは良い意味で、結果的に「共体験」のコンセプトに基づいて作られており、ルイビルの例と

図表 1-2　学生が自撮りした動画を集めた「ポカリ NEO 合唱」

画像提供：大塚製薬

同じく、一つの集団内で同じ体験価値を共有した事例である。もちろん、ＣＭに関わったクリエイターの編集のうまさなどもあるが、参加者の自撮り映像それぞれが「共体験」のパワーみなぎるものになり、それがこのＣＭの良さにつながっている。

コロナ禍で加速する分断、細分化

一方で、である。コロナ禍は全体としては、世界的な共体験ではある。しかし同時に、細かい共体験をもどんどん生み、それによって、分断や細分化が進んでいる。

読者の皆さんも覚えがあると思うが、新型コロナウイルスの流行が大きな社会問題になり始めた頃から、フェイクニュースを見抜ける情報リテラシーの個々人の差や、元々持っていた価値観、学歴などのバックグラウンドなどがあらわになり、個人レベルで、絆が強まった人、逆に疎遠になった人がいるのではないだろうか。

これは世界的な話で、**コロナ禍によって分断や細分化が加速された**。すでにSNSによって、国や民族、性差に関係のない分断は起きていたが、それがブーストされたような感じだ。

言い方を変えると、アイデンティティの変化や多様化も含まれる。例えば米国では、積極的に新型コロナウイルスに感染して免疫を獲得しようとする極端な集団が現れたが、それは、「免疫獲得優先」というアイデンティティだ。

またコロナ禍では、医療や福祉、小売・販売、通信、公共交通機関など、社会生活を維持しているエッセンシャルワーカーの人たちにスポットライトが当たった。とくに米国ではこれまでは、エッセンシャルワーカーの人たちは、どちらかというと低賃金で働くブルーワーカーと見られていたが、このパンデミックによりヒーロー化したのだ。エッセンシャルワーカーであることが、新しいアイデンティティにすらなっている。

つまり、さまざまな「共体験」が生まれたことで、良くも悪くも分断や細分化が進み、アイデンティティが強化され、二極化など良くない面も見られるようになったのだ。

『100日後に死ぬワニ』はなぜ炎上したのか

このような状況においては、企業は「共体験」の増加や価値というものを、これまで以上に慎重に考えるべきだろう。「共体験」の本質や扱いを間違えると、失敗する。

「共体験」の本質とは何かというと、共有されている体験の「価値」だ。このグループ、集団の「共体験」の裏側にある、本質的に共有されている「価値」——何に「価値」を感じて、みんなは集まっているのか、を見間違えたり、そもそも見なかったりすると、失敗するだろう。

それがよくわかる事例がある。ツイッターで公開された『１００日後に死ぬワニ（以下、１００ワニ）』（作・きくちゆうき）という4コマ漫画作品だ。コマの枠外に「死ぬまであと○日」と書かれた作中のワニの１００日が描かれ、２０１９年12月12日から２０２０年3月20日まで毎日更新された。１投稿で30万を超える「いいね」がつくほどの人気を博し、連載最終日にはツイッタートレンドで世界1位になった。

連載開始の12月から3月までのファンの広がりはまさに「共体験」だ。ファンは、タイトルで死を予告されている主人公のワニのほのぼのとした日常を、毎日ハラハラドキドキと見守って過ごし、ツイッターに感想を書き込んだりして、それも含めて作品だった。同じ世界観を共有し、強く結びついていたと言ってもいい。

『１００ワニ』の楽しみ方は、ディズニー映画などの素晴らしいコンテンツをオーディエンスとして消費するのとはわけが違う。冒頭でも説明したスポーツ観戦や音楽ライブやフェスと同じで、『１００ワニ』を毎日見ていた人たちのコミュニティがそこにあったのだ。

しかし、連載終了後、それにミソがついてしまった。

クライマックスの最終回が投稿されてすぐ、ファンが文字どおりワニを看取ってしみじみしている最中に、映画化やコラボグッズ、ポップアップストアのオープンなどのメディアミックス展開が矢継ぎばやに発表されたのだ。これにファンから批判の声が上がった。批判の内容は「この作品は最初からメディアミックス前提の仕組まれたものだったのでは」というもの。組織的には関わっていない広告代理店の関与が噂され、ステマだと炎上してしまったのである。

結局のところステマではなかったのだが、この事例の何がいけなかったのかというと、『１００ワニ』関係者がファンの「共体験」を壊してしまった点にある。ツイッターで「(商業展開を)やってもいいが、せめて喪が明けてからにしてくれ」という意味のファンのつぶやきを見かけたが、つまりはワニと１００日を一緒に過ごしたファンが大切にしているものを、踏みにじってしまったことが原因だ。

繰り返しになるが、「共体験」は同じ体験価値を共有することで起こる。企業はその体験価値が何なのか見極めなければならない。商業的な動きは悪いわけではないが、『１００ワニ』関係者はファンの「共体験」の輪の中に入っていたら絶対にやらないことをしてしまった。ファンが大切にしているものを、わかっていなかった。結果的に、「何か」がわかっていない動きをしてしまったのである。

企業やブランドも「共体験」の一員になるべき

このような変化が今、急速に起こっている。企業、ブランドは「共体験」を見つけることが、非常に大事になってきている。

これは、趣味・関心を持ったコミュニティやＳＮＳのグループがどこにあるかといった表面的な話ではない。今の世の中にいろいろな「共体験」が起こっているという前提において、どこにどんな「共体験」があるかということを見出していくことが重要であり、その集団、グループの共有している体験価値のエッセンスや本質は何かを見極めなければならない、ということだ。『１００ワニ』の事例にはその学びがある。

もっというと「共体験」を見つけるだけでなく、「共体験」自体をデザインしていくことも必要になるだろう。どういうことかというと、どんな価値で人を集めればいいかというところから考えて、企業やブランドが一方通行でエラそうにしているのではなく、**自らも共体験者の一人になって、「共体験」の輪に入っていかなければならない**ということだ。

ついつい「こういう人たち集まれ！」と共体験のプラットフォームだけ提供すればいいだろうと考えてしまいがちだ。だが、「コミュニティを作りました、はいどうぞ」と一方的に場を提供する、という考えはひと昔前のもので、これでは企業やブランドは単にプロバイダーに過ぎない。これからは、企業やブランドは「共体験」の一員にならなければならないのである。

2 「社会的距離」の見極め
Social Distance

今や常識となった言葉「ソーシャルディスタンス」

２０２０年以降、世界中を見回しても、「社会的距離」「ソーシャルディスタンス」という言葉を知らないという人はいないだろう。コロナ禍を過ごした私たちにとってのソーシャルディスタンスは、新型コロナウイルスの拡散を止めたり、減速させたりするために必要な感染抑制手段として認識された、人との距離を取り、密接に接触しないための方策である。

アメリカ疾病予防管理センター（ＣＤＣ）の定義によると、他の人から少なくとも6フィート（約2メートル）離れる、グループで集まらない、集団的な場所に近づかないことを指している。日本では小池百合子東京都知事が3密（密閉、密集、密接）と表現して、それを避ける行動を求めた。

しかし僕はここで新型コロナ対応としてのソーシャルディスタンスの話をしたいのではない。ソーシャルディスタンスという言葉の別の側面については後ほど再度取り上げることにして、ここでは、企業やブランドと生活者との接点や社会的距離の話をしようと思う。

「リアルの価値」の向上

先に、ＳＮＳの浸透、普及によって「関心のグループ」が乱立してミルフィーユ化したことにより、「共体験」価値が高まったことを解説した。ＳＮＳを企業の顧客接点という観点で見ると、これは非常に便利なツールなのである。

実際、個人が友だちや知り合いとつながるように、企業やブランドも一つの人格としてツイッターやインスタグラム（Instagram）、ティックトック（TikTok）などの公式アカウントを開設し、顧客接点として使っている。

テレビＣＭや店頭など限られた接点しかなかった頃と比べて、顧客接点の増加や複雑化が進み、マスメディアを介さずにダイレクトに生活者とやり取りできるようになった。

生活者と直に顔を合わせることなくネット上で接点を持てるようになったことは、企業にとっていいことではあるが、その一方で、実は相対的に**「リアルの価値」**も上がっている。

わかりやすい例でいうと、音楽フェスのチケット販売額が、ここ数年増えていたことが挙げられる。ぴあ総研が２０１８年１～12月に開催されたイベントを対象に推計したところ、２０１８年の音楽フェスの動員数は前年３・９％減の２７２万人となったものの、平均単価の上昇により、市場規模は前年比３・９％増の２９４億円にものぼったそうだ。

また、２０１９年のライブ・エンタテインメント全体の市場規模についても、ぴあ総研が統計を開始した２０００年以降で最高の６２９５億円（前年比７・４％増）を記録。公演回数は前年比０・５％増で、１公演当たり動員数が増加し、動員数は前年比８・３％増の８２８３万人となった。

２０１８年の公演回数が減少しているのは、台風などによる公演中止や、ライブ会場の不足により比較的大きな会場での公演回数が頭打ちとなったことが原因と思われるが、いずれにしてもぴあ総研が調査を開始した２００９年からずっとプラス成長を維持していた。

つまり法人格も含めて友だちどうし、実際に顔を合わせないＳＮＳなどネット上での接点が増えてくると、その揺り戻しのように、リアルの価値が再認識されるようになったのである。

これは、コロナ禍でステイホームを余儀なくされた私たちにも心当たりがあるのではないだろうか。なし崩し的に始まったリモートワークで私たちが得たのは「なんだ、リモートでも仕事はできるじゃん」という気づきと、「やっぱりリアルで会わないと雰囲気がつかめないな」という相反する気づきだ。

ネット環境が整っていればわざわざ出社しなくても仕事ができるが、会議中の雰囲気だとか、ちょっとしたニュアンスを感じとるといった点で、直接会うことの大切さも再認識した。リモート飲み会は、それはそれで楽しいが、気のおけない友人と一緒にレストランで食事をしたりバーで飲んだりして得られる寛いだ雰囲気は、リモートでは再現できない。

「体感」を軸とした顧客接点の設計

「リアルの価値」が再認識されたことで、リアルな接点を顧客とのエンゲージメントの核に据えた企業やブランドもある。このようなリアル志向は、２０１０年代の顧客接点設計の潮流のひとつである。

ここで言うエンゲージメントとは、一般的には企業や商品、ブランドと生活者との関係性のことだ。エンゲージメントが取れていれば、生活者と企業との接点が何であれ、その接点にあるコンテンツや広告、ＰＲメッセージなどに対してロイヤリティを感じたり、好意度が上がったりする。平たく言えば〝絆〟だ。エンゲージメントが取れていれば、強い絆で結びついていると言える（ちなみにエンゲージメントは、企業の人事の分野でもよく使われる言葉である）。

話を戻そう。僕がここで言いたいのは、デジタルかリアルかという二項対立の話ではなく、両者の融合だ。実際、リアルイベントからインスタグラムへの投稿を促したり、ツイッターに書き込んでもらったりするなどの施策が盛んに行われている。２０１５年から２０１７年ごろ、都内高級ホテルの〝ナイトプール〟を楽しんでいる様子をインスタグラムにアップすることが流行した。このようなリアルからＳＮＳへという流れは、比較的最近のコミュニケーションのデザインでありＰＲ設計である。

そして、今回のコロナ禍によって奪われたのが、上記のようなリアルイベントである。さらに突っ込んで言えば「体感」が奪われた。体感とは体験よりももう少し感覚よりなもので、人間の五感で、体全体を使って暑さや寒さ、あるいは「なんだか気持ちいいな」といった感覚を得るものである。

対して体験は、体感をきっかけとしていろいろと思考すること。今、ＣＸ（顧客体験）という言葉がよく聞かれるように、リアルだけでなくオンラインでの顧客体験が語られ、体験はリアルかどうかに関係なく設計できるものと認識されているが、体感はそうはいかない。

リアルやイベントの価値は、顧客に体感を与えることに尽きる。体感を顧客のエンゲージメント醸成の核として重要視していた企業やブランドは、コロナ禍で非常に困ったことになった。

そんな困った状況を逆手に取り、生活者とのエンゲージメントを高めるＳＮＳ施策を打った事例を紹介しよう。アクションカメラ「ＧｏＰｒｏ」の「#HomeProチャレンジ」キャンペーンだ。

自宅を雪山に変える!?
ＧｏＰｒｏ「#HomeProチャレンジ」キャンペーン

ＧｏＰｒｏとは、動きのあるアクションシーンを臨場感たっぷりに撮影できるアメリカ生まれのアクションカメラだ。創業者が元々サーファーだったこともあり、サーフィンやマウンテンバイク、スノーボードなどのエクストリームスポーツの瞬間瞬間をカッコよくとらえるものとして登場。防水機能と本体の軽さがウケた上、スポーツだけでなくレジャー用途でも臨場感のある撮影ができると、世界的に売り上げもブランド力も伸ばしていた。

もともとエクストリームスポーツの撮影を目的とした製品のため、サーフィンのイベントに協賛したり、ＧｏＰｒｏがハワイやコロラドなど自然の素晴らしい景勝地で開催するアウトドアイベントにインフルエンサーやメディアを招待したりするなど、体感させることで顧客のブランドエンゲージメントを高める施策を打ってきた。

それがコロナ禍のために、世界中で外出制限という措置が取られてしまった。外出も旅行もできなければ、ＧｏＰｒｏを使うシーンがなくなってしまう。このままでは新製品を買おうという人もいなくなってしまうだろう。

そこでＧｏＰｒｏは世界中に向けて「#HomeProチャレンジ」というキャンペーンを始めた。新型コロナウイルスの影響で家にいることが増える現状をポジティブにするために、家の中でクリエイティブな映像や画像を撮影し、「#GoPro」「#HomePro」というハッシュタグをつけて、ツイッターやインスタグラム、フェイスブック、ティックトックに投稿しようという内容だ。

キャンペーンはアメリカ時間の２０２０年3月23日～4月30日までで、応募された作品の中から毎日ＧｏＰｒｏ社員がお気に入りを選び、選ばれた人には同社のハイエンド製品などがプレゼントされるというものだった。

このキャンペーンのすごいところは、ＧｏＰｒｏユーザーでなくても、同社の無料ＧｏＰｒｏアプリを使えば、ｉＰｈｏｎｅやＧｏＰｒｏ以外のカメラで撮影した映像でも応募できるという点

図表1-3 GoProは「#HomeProチャレンジ」キャンペーンを実施

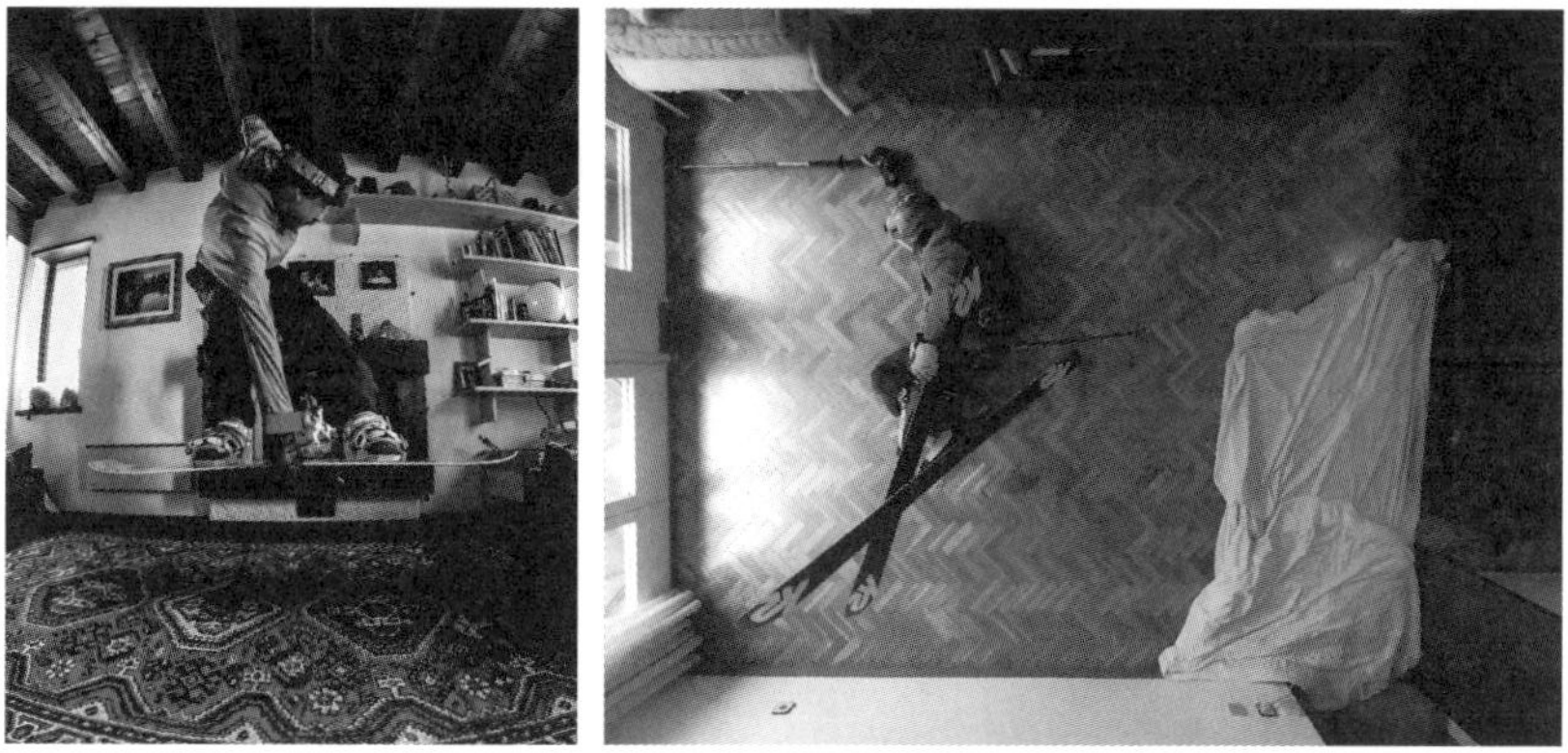

画像提供：GoPro

だ。このキャンペーンは話題になり、世界中で６万件以上の投稿があった。外出制限で家にいなければならないからか、クリエイティビティが発揮されたエキサイティングな作品が多く投稿された。

これは自分たちのブランドが、コロナ禍でどうやってエンゲージを維持できるか、そして新しい顧客を捕まえられるかチャレンジした施策でもあった。

実はＧｏＰｒｏは、スポーツやレジャーなどの、〝いかにもＧｏＰｒｏで撮影したくなるような〟迫力あるシーンでなくても、日常生活の中でクリエイティブでエキサイティングな瞬間は切り取れるよ、とずっと言ってきた。これまで日常のリアルを重視していたからこそ、ブランドの大事な部分が、このキャンペーンには活かされているのだ。

そして僕は、コロナ禍で企業に起こったことは、企業と消費者のエンゲージメントの観点から、深い問いをはらんでいると思っている。

考えてみてほしい。私たちの世界は、コロナ禍が収束したあと、以前のような日常に戻るだろうか？——いや、たとえ新型コロナウイルスのワクチンが普及したとしても、もう以前のような生活には戻らないだろう。

それと同じように、コロナ禍が収束したあと、企業と消費者との関係は完全に元には戻らないだろう。私たちの生活が不可逆的に次のステージに向かうのと同じように、今回のＧｏＰｒｏのキャンペーンには、企業と消費者との間の新しいエンゲージメントのあり方の示唆や気づきがあると思う。

今こそ心理的距離を考慮した、新しいエンゲージの取り方を

「ソーシャルディスタンス」は、実はもともと社会学の概念だ。とくに欧州には歴然とした階層が存在するが、そういう社会的な階層や世代の心理的距離を意味している。よって、「物理的に人と離れましょう」というよりはもっと深く、人と人の間や、その人が属するグループとグループの心理的な距離感、そして隔離などのニュアンスも含む、差別的な意味もある言葉だ。

そのような背景があるため、英語圏ではコロナ対応で用いる場合は、必ず現在進行形の「ソーシャルディスタンシング」と表現している。日本では「ソーシャルディスタンス」で定着してしまったが、これは本来、社会的、心理的隔たりであり、人間関係の感情的な距離も含むということは念頭においてほしい。社会学でいうソーシャルディスタンスを日本的に表現すると、**「間合い」という言葉**に近いだろう。

そして、リアルイベントができないという狭義の話から広げて考えると、ソーシャルディスタンスは、物理的な距離や同じ空間を共有するというところからいったん解放されて、企業やブランドとユーザー、生活者との関係を見直し、新しいエンゲージの取り方を定義できる言葉なのではないかと思う。つまり、生活者との精神的な「間合い」を意識することで、そこに新しいチャンスが生まれるのではないだろうか。

ステークホルダーを感激させた、滝沢カレンのメッセージ

ここで僕のお気に入りのエピソードを紹介しよう。モデルでタレントの滝沢カレンが書籍のスリップに書いた書店員へのメッセージの話だ。

２０２０年４月11日、ある書店員が『カレンの台所』（滝沢カレン著／サンクチュアリ出版）に挟まれていたスリップのメッセージに感激し、写真をツイッターにあげた。ちなみにスリップとは、書店が売り上げや返本を管理するため書籍に挟まれている紙のこと。

スリップには、滝沢カレン独特の表現で、書店員のおかげで本が読者の手に渡っていることや、本を大事に扱ってくれていることに感謝する気持ちが綴られていた。つまり、著者から書店員への感謝とねぎらいのメッセージである。

なお、この本が発売された４月７日は緊急事態宣言が発出された日だった。本来ならおそらく著者が書店を挨拶回りしたり、イベントを開いたりする時期だろう。一方書店側も、緊急事態宣言が

出てイベントどころではないばかりか、いつ休業要請が出てもおかしくない状況だった。コロナ対応で通常業務も店頭販促もままならず、書店員のストレスも相当溜まっていたはずだ。

そんなピリピリした状況下での、彼女からのメッセージである。前述の書店員のツイートは大いにバズり、「いい話」として多くのリツイートや「いいね」が集まった。

この一連の流れは「滝沢カレン、素敵だね」というエピソードではあるのだが、それと同時に、企業やブランドとステークホルダーとの関係を考える上での学びがあると思う。

例えば著者が本の販促のために書店をめぐり、書店員やファンと直接握手をしたとしても、それでこのエピソードのように、ほっこりするわけではない。これは実際にその場に行かなくても、コミュニケーションを工夫したことによって、書店員やファンなどの本を売るために大切な人々、つまりステークホルダーにエンゲージした好例と言える。そこに、ニューノーマルの世界での企業やブランドが行うべきコミュニケーションの示唆がある。

休館中でもファンを感激させたサンリオピューロランドの動画

ここでさらにもうひとつ事例を紹介したい。新型コロナによる外出制限のために苦しい状態にある業界の代表、テーマパークである。パンデミック下でいち早く休館を決めた「サンリオピューロランド」のファンとのエンゲージの取り方が素晴らしいのだ。

サンリオグループのサンリオエンターテイメント（以下、サンリオエンタ）が運営する「サンリオピューロランド（以下、ピューロランド）」は、屋内型のテーマパークである。天候に左右されないため、赤ちゃん連れのファミリーや、休日を利用して来館する大人のファンでも安心して楽しめることが強みだ。

しかしコロナ禍で、ファンの間からは長時間室内空間に滞在することに対する心配の声が上がっていた。そこでサンリオエンタは、２０２０年2月21日に同施設の臨時休館を発表。翌日には休館となった。ちなみに、全国の小中高校などの臨時休校要請が発表されたのは2月27日なので、非常に素早い判断だったと言える。サンリオエンタはさらに3月20日に、４月上旬まで臨時休館を延長することを発表している。

それが3月23日、ツイッターで「サンリオピューロランド公式」「ピューロランド」が突如トレンド入りした。それはユーチューブ上の公式チャンネル「purolandJP」に公開された動画がきっかけだった。動画のタイトルは「ピューロランド、休んでたって…」。動画には、誰もお客さんがいない館内の照明をＬＥＤに交換したり、レストランの新しいメニュー開発に励むスタッフの姿や、掃除をしたり、ダンスの練習をしたりするサンリオキャラクターたちの様子が映し出されていた。

舞台裏を映したこれらの動画は大きな反響を呼び、ピューロランドのファンのみならず、子どもの頃にサンリオキャラクターに慣れ親しんだ多くの大人の心を揺さぶり、ツイッターでトレンド入りを果たす。

このような大きな反響を得られたのは、エモーショナルでＳＮＳで拡散されやすい仕掛けが施された動画であることはもちろんだが、それ以前に、この動画を受容してくれるファンとのエンゲー

図表1-4　サンリオピューロランドは動画でメッセージを発信

©'13,'21 SANRIO S/D・G ©'76,'85,'88,'89,'90,'93,'96,'99,'01,'05,'10,'21 SANRIO APPROVAL No.P1203011

ジメントがすでに育まれていたから、と僕は見ている。

実はピューロランドはしばらく人気が低迷していた。しかし２０１６年に小巻亜矢氏が館長に就任してからＶ字回復を果たし、２００９年度は約１０８万人だった年間入場者が、２０１３年度は約１１９万人、２０１８年度は開業以来初めて２００万人を突破する。

小巻氏はスタッフ教育を徹底して接客レベルの向上を図ったほか、ファミリー層のみならず、20～30代の女性をターゲットにした施策を打ち、ダンスやショーに力を入れファンの裾野を広げる。

つまり平時から、ピューロランドにおけるホスピタリティを重視していたからこそ、臨時休館中のＳＮＳ施策に取ってつけたようないやらしさがなく、ファンとのコミュニケーションが潤滑に行われたのだろうと思う。

いくらツイッターで発信しようが、リアルな場に行けない期間が長く続くと、テーマパークなどを含むエンターテインメント業界はファンとのエンゲージメントが下がってしまう。しかしピューロランドは裏側を見せることで大きな反響を得て、ファンとのエンゲージメントを取ることに成功した。そしてこれら一連の動きは、離れていても、考え抜けば、ファンとエンゲージメントを取る方法はあるはずだ、という示唆を与えてくれる。

企業と生活者との、新しいソーシャルディスタンスとは

さて、そろそろまとめに入ろう。ここ数年、もともと企業コミュニケーションはＳＮＳの普及により顧客との接点は多様化、複雑化しており、リアルとデジタルそれぞれの価値を融合させるという潮流があった。ところがそこに、新型コロナウイルスの流行が世界を襲った。

このパンデミックは、リアルでのイベントという接点を設定できないという大打撃を与える。そのような困難な中で新しいアイデアを出した企業もあるが、エンゲージメントの観点からすると、大きな打撃であることに変わりはない。

しかし悪いことばかりではない。ソーシャルディスタンスという言葉は社会学では人間同士、集団同士の社会的距離や間合いの取り方を意味している。コロナ禍によってもたらされたのは、顧客との新しい間合いやエンゲージメントの取り方を開発したり、考えたりするチャンスなのだとは考えられないだろうか。

3 「自分らしさ」が問われる
Brand Authenticity

「ありのままの姿」を見せよう

そもそも「自分らしさ」とは何だろうか？　僕が定義したい企業の「自分らしさ」とは、**「オーセンティシティ（authenticity）」**と呼ばれるものだ。一般的には耳慣れない言葉だし、日本語に翻訳するのが非常に難しく、なかなか意味が伝わりにくいのが難点だ。

ちなみにオーセンティシティを辞書で引くと、「信頼のおけること、確実性、真実性、信憑性、真正性」などの訳語が出てくる。マーケティングやＰＲ・広告の業界では、正統性、真正性という意味でこのワードが出てくることが多い。

そしてここ数年、オーセンティシティはアメリカや欧州で「個人の在り方」を問う際によく言及されるワードでもある。例えば、米ペンシルベニア大学ウォートン校で心理学を教えるアダム・グラント教授が『ニューヨーク・タイムズ』に執筆したコラムの主旨は次のような内容だ。

「我々はオーセンティシティの時代を生きています。多くの人生や恋愛や仕事について、私があなたにしてあげられるアドバイスは、あなた自身でありなさい、ということ。なぜならオーセンティシティとは、あなたが自分の中で強く信じていることと、外側に見せる姿、この両者のギャップをなくすことだから。つまりオーセンティシティとは、あなたの本当の姿をさらけ出すという選択のことなのです」。

日本語で一言でまとめるなら「人間として、裏表がない」という表現がしっくりくるだろうか。

メッセージと行動は一致しているか？

さて、ここまでは個人の話だ。ここからは、企業やブランドにとってのオーセンティシティとはどういうことかについて話を進めたい。企業にとってのオーセンティシティとは、自分たち（企業）が信じていることと行動が一貫しているかどうか、そして、コミュニケーションの話で言えば、世の中に向けて発信したり表現したりしていることが、自分たち（企業）の本当の中身や姿とマッチしているかどうか、だ。

ごく単純化して説明すると、広告や企業スローガンで「自然を守ろう」と標榜しているのにもかかわらず、社内では紙やプラスチックゴミを大量に無駄遣いしていたり、工場排水を川に排出していたりしたら、それはオーセンティック（信頼できるさま）ではない、ということだ。つまり一般的に言えば、ブランドオーセンティシティとは、**ブランドが裏表なしに、自分らしくあること**を指している。

そして、危機的状況の時に人間の本性がさらけ出されるように、企業も危機に直面している時に、本当の姿が現れるものだ。読者の皆さんも思い当たるフシはないだろうか？　コロナ禍という100年に一度の危機に直面して、親しくしていた友人や信頼していた上司の本性がわかってしまい疎遠になったり、逆に親しくなったりした人がいるのではないだろうか。僕も、人間関係が刷新されたという話をよく聞くようになった。

それは企業やブランドも同じだ。今回のコロナ禍では、企業やブランドのオーセンティシティが問われた側面があり、多くの素晴らしいアクションが生まれた反面、残念な出来事もあった。

「信念と行動の一貫性」と「Do Your Part」

さて、オーセンティシティという言葉をもっと掘り下げていくと、僕は、実はふたつの方向性があると思っている。ひとつは、「信念と行動の一貫性」。つまり「言っているだけでなく、行動せよ」ということ。もうひとつは、「自分たちの持ち場で、それができているか」ということだ。自分たちの持ち場とは、企業やブランドが平時にビジネスをしている領域や、自分たちがやらなければならないことだ。

コロナ禍において、特に北米で盛んに言われたワードに「Do Your Part」がある。「自分の持ち場でやりなさい」という意味だが、エッセンシャルワーカーや医療従事者、さらには一般市民も含め、「自分たちのできることを、自分たちのできる範囲内でしっかりやろう」というスローガンみたいなものだ。裏を返せば「余計なことはするな」とも受け取れるが、このように企業やブランドも、**自分の持ち場でそれができているかどうか、が重要**になってきているのだ。

いち早く患者の受け入れを表明したアパグループ

ここで「信念と行動の一貫性」の良い事例と残念な事例を紹介しよう。まずは良い事例として、国内最大級のホテルチェーン、アパグループを取り上げる。

国内での新型コロナウイルス感染が拡大し、日本もニューヨークのように医療崩壊が起きてしまうのではないかと危惧されていた２０２０年４月３日、アパグループは無症状者及び軽症者の受け入れを表明した。緊急事態宣言が発出された４月７日よりも早い段階での決断だ。

読者もご存じだと思うが、アパグループ及びアパホテルは、個性的な社長のキャラクターや政治色の濃い活動、シェア寡占を目指す拡大路線などで良くも悪くも目立ち、ファンも多いがアンチも多い。しかし、同社の新型コロナウイルス患者の受け入れを、普段は固有名詞など出さないＮＨＫが異例の企業名を出しての報道をすると、ネット上では称賛の声があがり、アパホテルの名前はツイッターのトレンド入りを果たした。

アパグループは東日本大震災の時にも、全館営業して食料品や毛布、ベッドなどを避難者に提供し続けるという決断をし、困っている人たちを救済する活動をしている。新型コロナウイルス患者の受け入れも、政府に要請されたからというだけではなく、実は以前からやっている、一貫性のある行動なのだ。アパグループとしては、このような行動はブランドマネジメントの一環であって、オーセンティシティは考えていないかもしれない。しかしアパらしさ、自分らしさに基づいた行動をすることによって、結果的にオーセンティシティを示すことに成功している。

ナイキが犯した「一貫性がない」という失敗

次に紹介するのは世界的企業ナイキのＢＬＭ（Black Lives Matter）をめぐる残念な事例だ。２０２０年5月、ナイキはＳＮＳに一つの投稿をした。メッセージは「For once, Don’t Do It.」（今度こそは、やめよう）。ナイキと言えば「Just Do It.」があまりにも有名だが、それを「Don’t Do It.」に変えたことで、人種差別問題に反対するという本気の表明を表現した。

広告コピーという視点で見ると、これはさすがのクオリティだと唸るほどに、完璧に計算されたコピーワークだ。なので、この洗練されたメッセージの投稿は広告業界内で大変に称賛された。また同時に、その頃最もシェアされたＳＮＳ投稿の一つでもあり、6月10日時点でインスタグラムの投稿に５４０万以上の「いいね」がつくほど世界中に行き渡ったメッセージだった。

しかし、である。日が経つにつれて、この投稿にじわじわとネガティブなコメントがつくようになる。広告業界の人ではない一般の人からは「メッセージだけでなく、具体的に支援を」というコメントがたくさんつくようになった。そして極め付けは『ワシントン・ポスト』の記事だ。同紙がナイキの役員が白人ばかりであることを報道したことにより、大企業の欺瞞があらわになる結果となった。

この事例の失敗の根底には、広告コピーの限界があると思う。「For once, Don’t Do It.」は、広告コピーとしては本当に素晴らしい。しかし、オーセンティシティかと問われれば、そうではない。ここで問題になっているのは、かっこいいメッセージを出す前に、役員構成をどうにかしろ、という話なのだ。つまり、ナイキのメッセージと行動には一貫性がないと捉えられてしまった。

ユニリーバの「石鹸での手洗い」啓発キャンペーン

続けて、今度は「自分たちの持ち場で、それができているか」の例を紹介しよう。コロナ禍での企業活動として、例えば自社の技術を使ってマスクを製造するなどといった、自分たちの使命をきちんと果たしている企業は多い。

ユニリーバは食品や洗剤、ヘアケア製品などの一般消費財を製造・販売する世界的企業だ。コロナ禍が拡大する中、「石鹸を生産する企業として、石鹸をより簡単に入手できるようにし、効果的な手洗いを啓発する義務がある」と声明を出し、グローバルで手洗いを啓発するキャンペーンを展開した。

ユニリーバが手洗いの啓発キャンペーンを行うのは、今回が初めてではない。これまでも途上国で、子どもの死亡率を下げるための、石鹸での手洗いを啓発する活動を行っている。そういう意味では、ユニリーバの活動には一貫性がある。

具体的に何をしたかというと、文字と数字だけの「Take care, be safe」というテレビＣＭを、同社のブランド「ダヴ」で展開したのだ。ユニセフも提唱しているように、新型コロナウイルスを洗い落とすために必要な手洗いの時間は20秒以上だと言われる。「Take care, be safe」のＣＭはカウントダウン形式で、手を洗う音とともに、20秒間、文字と数字だけが流れるというもの。カウントダウンの間、「私たちはあなたがどの石鹸を使うかは気にしない、気にしているのはあなたと同じこと——あなたと、みんなのために。」というメッセージを表示し、「#WashToCare」のハッシュタグとともにメッセージを発信した。

また、イギリス政府と協力して、途上国で10億人をターゲットにしたキャンペーンを展開。バスの停留所に屋外手洗いステーションを設置する活動を行った。ユニリーバは、「石鹸と手洗い」という自社の領域を出ずに、世の中に役に立つアクションをしたのだ。

「在庫はたっぷり」と安心させたトイレットペーパーブランド

消費財つながりでもうひとつ。アメリカのトイレットペーパーブランド「コットンネル(Cottonelle)」の事例である。コロナ禍で日本ではトイレットペーパーの買い占めが問題になったが、それはアメリカも同じだった。

コットンネルは顧客に安心してもらうために、「#ShareASquare」というキャンペーンを打ち、１億円と１００万個のトイレットペーパーの寄付を行った。それも、ただ寄付をしただけでなく、キャンペーンの動画で「在庫の補充を行うために頑張っています。トイレットペーパーを溜めすぎずに、必要な分だけ家に置きましょう。」というメッセージも発信した。ブランド側から顧客へメッセージを発信することで、トイレットペーパーが手に入らなくなってしまうのでは、と焦る人々に、心理的な安心を持ってもらったのだ。

日本でもイオングループがトイレットペーパーを大量に陳列して顧客を安心させる施策を打ち、陳列棚の写真がツイッターで広く拡散された。マスクもない、ティッシュもないと右往左往する人々に対して、買い占めに走らなくても大丈夫なんだ、という安心を与えた。コットンネルもイオンも、自分の領域でやるべきことをやったのである。

ロゴを離す？　自分の「持ち場」は何か？

自分の持ち場でやるべきことをやる、という切り口でも、残念な事例はある。ソーシャルディスタンシングを世間に知らしめるために、企業がロゴを変えたことを覚えているだろうか？　マクドナルドやコカ・コーラ、アウディやフォルクスワーゲンなどの世界的大企業が、ソーシャルディスタンシングの概念や意義を伝えるために、各社おなじみのロゴを変えた広告キャンペーンで、それぞれのロゴのアルファベットや記号の間が離れている、というものだ。

実はこの試みは、賛否両論があった。いいクリエイティブだねという声がある一方で、これこそ「Do Your Part」ではない、ロゴをいじってソーシャルディスタンシングと言う前にほかにやることがあるだろう、という意見が挙がったのだ。これは欧米の広告・デザイン業界を見渡しても、人によって評価が分かれた事例だ。

僕も、有名企業がロゴを離すことでソーシャルディスタンシングを浸透させるキャンペーンを打つことは悪いことではないし、ある種のクリエイティブのやり方だとは思う。ただ、オーセンティシティの観点から言うと、クエスチョンがついてしまうのは否めない。

それにソーシャルディスタンシングの啓蒙は本来、政府がやるべきことだ。企業が自社のロゴを変えてソーシャルディスタンシングを啓蒙するという行為が、その企業の持ち場でやるべき仕事か、と問われたら、そうではないだろう。これらの事例は、かように賛否が分かれたキャンペーンだった。

分散化型社会で偽物は淘汰される

２０２０年、僕たちは思いがけなくコロナ禍に巻き込まれ、これからニューノーマルの時代を生きることになるのだが、コロナ禍以前に言われていた社会の大きな流れに「分散化型社会」がある。これはブロックチェーンと呼ばれる技術で実現されるもので、数年前から言われているように、これからは、中央集権型から分散化型の社会に変化していくというものだ。そして分散化型社会の一つの特徴として注目されているのが**「偽物の淘汰」**である。

ブロックチェーン技術についてここで深く掘り下げることはしないが、簡単に言うとブロックチェーンとは「改竄しにくい、公開型の取引台帳」のことだ。以下に少し技術的なことも書いてみるが、読み飛ばしてもらっていい。

ブロックチェーンのブロックとは、ネットワーク内で発生した取引の記録の塊のこと。これが時系列で連なっているのでブロックチェーンと呼ばれている。このブロックは取引の記録に加えて、一つ前に生成されたブロックの内容をコンパクトにまとめたデータ（ハッシュ値）と、データをコンパクトにまとめる際に使うパラメータ（ナンス）で構成されている。仮に過去のデータを変更するとハッシュ値も変わり、後に続くすべてのブロックのハッシュ値も作り直さなければならないため、事実上、データの改竄がしにくくなるのだ。

また、ブロックチェーンは中央集権的にサーバーで管理するのではなく、ネットワークに参加しているノードと呼ばれるコンピューターが対等に直接通信するネットワークでつながっており、ノードそれぞれがみな同じデータを持っている。そして多くのノードが正しいと判断したブロックのみが残り、不正なものは破棄される仕組みだ。

何が言いたいのかというと、コロナ禍で私たちは人間の本性が浮き彫りになるさまを体験してしまった。それはつまり、これからは企業もオーセンティシティ——「本当の意味での自分らしさ」が問われるようになるということだ。一方で、そもそもコロナ禍が起こる前から、社会は分散化型社会へ向かい、偽物が淘汰されていく、という大きな流れがあった。つまりその分、自分らしく、本物の企業やブランドが生き残っていくという流れが、より一層強化されるだろう。

これに関しては、マーケティングの神様と言われるフィリップ・コトラーが、『コトラーのマーケティング４・０　スマートフォン時代の究極法則』（朝日新聞出版）という著書の中で、「人間中心のマーケティング」として提唱している。曰く、「ブランドの本物の個性がかつてないほどに重要になってくる」「ますます透明性が高まる世界では、オーセンティシティ（真正性）が最も重要な資産になる」などだ。

企業やブランドの観点からいうと、オーセンティシティがあること、**自分らしくあることそのものが、企業やブランドの重要な見えない資産になる**。この提言の中でも「資産になる」というワードが、これからの企業やブランドにとって、非常に重要なポイントになると思う。

「3つの変化」への答えとなるのが「ナラティブ」

ここまで企業やブランドが直面する、ニューノーマルにおける大きな「３つの変化」について解説してきた。そして、この大きな変化に対応する答えこそが、本書のテーマであるナラティブなのだ。

「共体験」において、人々はある特定の「価値」を共有し、深くて持続的な結びつきを実現させる。その点において、ナラティブとは共体験そのものだ。ひとつの物語をステークホルダーで共創し、そこにある同じ価値を共有する。『１００日後に死ぬワニ』には明らかなナラティブがあった

図表 1-5　3 つの変化に対応するナラティブ

「共体験」

特定の「価値」の共有と深くて持続的な
結びつきをナラティブが実現する

「社会的距離」

ブランドと消費者の「心理的な距離感」を
ナラティブが維持する

「自分らしさ」

企業やブランドの信念と一貫性が
ナラティブの起点となる

し、パタゴニアは環境保全領域における共体験を生み出している。

「社会的距離」で重要なのは、いかにブランドと消費者の「心理的な距離感」を社会の中で維持するかだ。そして、エンゲージメントの維持実行がオンラインなのかオフラインなのかは、もはや関係がない。これについても、その両者が「社会的な物語構造＝ナラティブ」の中にいることは、その答えになるだろう。ピューロランドが、休館しながらもファンと素晴らしいエンゲージメントを維持できたのは、「コロナ禍で会えなくなった私たち」というナラティブを共有していたからだ。

「自分らしさ」において大事なことは、企業やブランドが信じていることと行動の一貫性と、それを自分たちの「持ち場」で実行できているかどうかだ。ここで思い出してほしいのは、プロローグで述べたこと――ナラティブの起点は常に「強い思い」であるということだ。つまりは、強い思いがないところにナラティブも起こりえない。また、フォートナイトやパタゴニアがそうであったように、ナラティブを形成するのは、「企業の行動」にほかならない。物語的な構造の中で、企業の行動や発信が現在進行形で行われる。そしてその物語の起点に常にあるのが、「自分らしさ」なのだ。

3つの変化を超えて生き残るのが、ナラティブカンパニーだ。さて、続くＰＡＲＴ２では、より実践的な話に入っていこう。ナラティブカンパニーの情報設計や情報発信は、どうなされるべきなのか。「ナラティブを実践する」ための5つのステップについて解説する。

PART 2

ナラティブを実践する5つのステップ

STEP 1 パーパスの設定：ナラティブの「起点」を定める

「パーパス」とは何か？

パーパスとは、**企業やブランドの「存在意義」**である。なぜ、その事業やブランドはこの社会に存在しているのか。その答えこそがパーパスであり、永続的に社会から支持される優れた企業には、（明文化されているかどうかにかかわらず）パーパスがあるはずだという前提に基づいている。パーパスは創業の思いでもあり、未来に実践するあらゆることの動機でもあり、何より、現在進行形でその企業が存在している理由でもある。

世界でもっとも早くパーパスを定めた企業のひとつであるＰ＆Ｇは、「より多くの消費者の生活を少しずつ意味ある方法で日々向上させる」を掲げているし、ネスレは、「生活の質を高め、さらに健康な未来づくりに貢献する」をパーパスとしている。

P&Gやネスレのようなグローバル企業には早くから浸透していたパーパスだが、直近では日本企業の大手でもパーパス策定の動きが活発化している。事例として紹介するソニーは、「クリエイティビティとテクノロジーの力で、世界を感動で満たす」というパーパスを２０１９年に定めた。２０２０年には富士通が、「イノベーションによって社会に信頼をもたらし、世界をより持続可能にしていくこと」というパーパスを掲げた。これまで「ビジョン」や「ミッション」を経営理念として掲げる企業は多かったが、最上位概念としてパーパスを定める企業が増えている。

ナラティブの起点はパーパス

さて、プロローグで述べた「ナラティブとストーリーの違い」を思い出してほしい。ナラティブとストーリーの唯一の共通点は、いずれも起点が「創業者や企業の強い思い」であるということ。つまり、ナラティブはパーパスあってのものだし、**ナラティブによって企業の存在意義が伝わっていく、**とも言えるだろう。

例えば、ブロック玩具のレゴは、商品やテーマパークなど目に見える提供物にとどまらず、子どもたちの知育やクリエイティビティの分野で多くのナラティブが語られてきたブランドである。レゴのパーパスは「ひらめきを与え、未来のビルダーを育もう」であり、それは創業者の理念に基づいている（ちなみにレゴは、拡大志向がたたってビジネス不振に陥ったときも、この理念に立ち戻って再生を果たしている）。このパーパスを起点として、レゴの「物語的な構造」は現在進行している。

また同時に、パーパスは「自分らしさ」を規定する役割も持つ。ＰＡＲＴ１で述べたように、「自分らしさ＝オーセンティシティ」は、今回のコロナ禍でも企業姿勢を左右する要素だった。非常事態の中でも「自分らしい」行動がとれたかどうかは、その背後にあるパーパスで決まった場合も少なくない。

例えば、パンデミックの中、さまざまな施策をスピーディに展開した企業のひとつにバドワイザーで知られるアンハイザー・ブッシュがある。自社工場で手指用消毒アルコールを生産したり、ステイホームを余儀なくされる消費者向けに「オンライン飲み会」を主催したり、ロックダウンが緩和されるとレストランやバーのオンラインメニュー支援に乗り出したり、という具合だ。

これらは、やみくもに展開されたわけではない。すべては、同社の掲げる「人々を集めること（We exist to bring people together）」というパーパスに基づいている。バドワイザーは「人々を集める」ために存在するのだから、コロナ禍は存在意義の危機でもある。共有されるパーパスがあったからこそ、「自分らしい」施策を次々と打ち出すことができた。

コロナ禍の影響で、大規模なリストラを敢行した企業も多い。エアビーアンドビー（Airbnb）は、世界的な旅行機会の減少を受けて、２０２０年5月に、社員約７５００名のうちの4分の１となる、１９００名の解雇を発表した。ＣＥＯのブライアン・チェスキーは、リストラ決定までのプロセス、補償や再就職支援について非常に丁寧に説明することで大きな評価を得た。

社内外に向けた彼のレターの最後には、「What we are about is belonging, and at the center of

図表 2-1　エアビーアンドビー CEO からのメッセージ

エアビーアンドビーCEO・ブライアン・チェスキーからのメッセージ

A Message from Co-Founder and CEO Brian Chesky

By Airbnb · May 5, 2020

· Company

～～～～～～

Some final words

As I have learned these past eight weeks, a crisis brings you clarity about what is truly important. Though we have been through a whirlwind, some things are more clear to me than ever before.

First, I am thankful for everyone here at Airbnb. Throughout this harrowing experience, I have been inspired by all of you. Even in the worst of circumstances, I've seen the very best of us. The world needs human connection now more than ever, and I know that Airbnb will rise to the occasion. I believe this because I believe in you.

Second, I have a deep feeling of love for all of you. Our mission is not merely about travel. When we started Airbnb, our original tagline was, "Travel like a human." The human part was always more important than the travel part. What we are about is belonging, and at the center of belonging is love.

To those of you staying,

One of the most important ways we can honor those who are leaving is for them to know that their contributions mattered, and that they will always be part of Airbnb's story. I am confident their work will live on, just like this mission will live on.

To those leaving Airbnb,

I am truly sorry. Please know this is not your fault. The world will never stop seeking the qualities and talents that you brought to Airbnb…that helped make Airbnb. I want to thank you, from the bottom of my heart, for sharing them with us.

Brian

出所：https://news.airbnb.com/a-message-from-co-founder-and-ceo-brian-chesky/

belonging is love.（私たちにとって居場所がすべてであり、その中心には愛があるのです）」とある（図表2－1）。エアビーアンドビーの掲げるパーパスは、「誰もがビロンギング（居場所）がある世界をつくる（Creating a world where everyone can belong）」。危機的状態の苦渋の選択でも、パーパスに沿った「自分らしい」実行と説明がなされた好例だ。

パーパスは企業の暗黙知

「ナラティブの起点はパーパス」だとして、パーパスを設定する起点は何だろうか。「ビジョン」と「パーパス」に、読者の皆さんは、似たようなイメージを持っているかもしれない。しかし、それを導き出すための自問には違いがある。「何を目指すのか？」「どうありたいのか？」などがビジョンを定めるためのクエスチョンならば、パーパスを考え始めるときの自問は、「自分たちって結局何者だっけ？」「そもそも何をしたいのだっけ？」だ。

　パーパスとは企業の存在意義である。何のためにこの世界に存在しているかの答えである――そう言われると、ついつい大袈裟に社会的な視座から考えたくもなる。しかし、パーパスは世の中にあるわけではない。**結局のところ、「自分たちの中」にしか存在しない**のだ。

　創業間もないスタートアップ企業では、あらためてパーパスを確認することはないかもしれない。日々の業務や会話の中で、それが可視化されているからだ。しかし、何十年も企業が続き成長すれば、いつしかそれは「暗黙知」となる。パーパスを定めるとは、その暗黙知を再び可視化させることにほかならない。「私たちのパーパスって何だと思います?」と外部に答えを求めてはいけない。パーパス設定の起点は、徹底的に内輪（社内）で議論することにある。

ソニーの事例

パーパス策定から普及まで社長がリード

「クリエイティビティとテクノロジーの力で、世界を感動で満たす。」

これが2019年に定められた、ソニーグループのパーパスだ（図表2-2）。1946年、井深大と盛田昭夫が興したソニーは、2021年5月7日で創業75年を迎える。日本初のトランジスタラジオで成功の道筋をつけた同社は、当時、今でいうところのテクノロジースタートアップ企業だった。

それが70年以上を経て、ゲームや音楽、映画、エレクトロニクス、半導体、金融などの多様な事業を擁する会社へと成長した。ビジネスもグローバルに展開し、約11万人の社員の半数以上が海外にいる。

さまざまな事業を展開し、多くの社員を抱えるようになったソニー、そしてソニーグループが、同じベクトルで進んでいくためには、「その事業をなぜソニーがやっているのか」という、会社としての存在意義やグループ全体に共通する価値観を、いま一度、言葉にすることが

図表 2-2　ソニーのパーパス

Sony's Purpose & Values

Purpose

存在意義

クリエイティビティとテクノロジーの力で、
世界を感動で満たす。

Values

価値観

夢と好奇心

夢と好奇心から、未来を拓く。

多様性

多様な人、異なる視点がより良いものをつくる。

高潔さと誠実さ

倫理的で責任ある行動により、ソニーブランドへの信頼に応える。

持続可能性

規律ある事業活動で、ステークホルダーへの責任を果たす。

出所：ソニーウェブサイト

必要なのではないか――？

「現会長兼社長CEOの吉田憲一郎は、２０１８年4月の社長就任直後から、このような問題意識のもと、自らパーパスの策定を考え始めていました」。パーパス策定から普及まで吉田社長をサポートしている、今田真実氏（ソニーグループ株式会社広報部シニアゼネラルマネジャー）は言う。

パーパス策定の具体的アクションは、社長就任から3カ月後の２０１８年7月から始まった。就任してから始めた社長ブログに、社員に向けて、次のような意味のメッセージを載せたのだ。「ミッション・ビジョン・バリューズを見つめ直したいので、社員の皆さんの意見を伺いたい」。

もちろん社員の意見をまとめておしまい、ではない。パーパスの素案は吉田社長が自ら作成。社長が社員の意見を参考にしながら、国内外のゲームや音楽、映画、エレクトロニクス、半導体、金融などのソニーの柱である事業のトップや、本社のキーとなる役員数名に、説明したりコメントをもらったり、というキャッチボールを繰り返し、確かなものにまとめ上げていった。

半年もの間、議論を重ね、２０１８年の年末にパーパスが確定。２０１９年の年明けすぐに全社員にお披露目された。日本ではちょうど正月休み明け。年が明けて初めての出社時にパソコンを立ち上げるタイミングだ。吉田社長は短い動画で、自分の言葉でパーパスとその背景に込めた思いを社員に伝えた。

パーパスは、毎年1月に米国ラスベガスで開かれるＣＥＳ（コンシューマー・エレクトロニクス・ショー）でのスピーチでも発表され、国内外にアナウンスされた。

なお、社長本人も、社長就任初年度はパーパス策定に一番時間を割いたと言っているそうだ。なぜなら、吉田社長自らが、策定のプロセスを大事にしたからにほかならない。

パーパスを最終的に決めるのは社長だが、全社員が指針とすべきものが、どのような過程を経て決められたのか、そのプロセスを見せることは非常に重要なことだ。だからこそ吉田社長は社員の意見も聞き、経営を一緒にやっていくチームとも意見を戦わせた。そのようなプロセスを経ないと結局は社長の言いっぱなしとなり、社員が自分ゴトとして受け止められない。せっかく作るのにそれでは意味がない。

吉田社長は定めたパーパス「クリエイティビティとテクノロジーの力で、世界を感動で満たす」を伝えるにあたって、なぜこの言葉に至ったのかというストーリーを自ら書き、社員に渡したりもしている。

これらの行動はすべて、社長の一番重要な仕事は、どこに向かって社員が進むのかを決めることと定めた、吉田社長の信念に基づいている。

さて、当の社員の反応はどうだったのだろうか。

今田氏曰く、海外の社員の反応が濃かったという。「ソニーグループにもこういうものができてうれしい」「自分たちが進むべき方向性がクリアになった」といったコメントもあったという。対して国内では海外の社員よりは反応は冷めていたそうだが、それ自体、吉田社長に

社内のグローバルリーダーシップ研修にてPurpose & Valuesについて議論している様子
（2019年2月撮影）

画像提供：ソニー

とっては想定の範囲内だった。「こういったことは言い続けるしかない」と、社内外でスピーチやインタビューの機会があればパーパスについて語り、説明した。

1年も経つと、全社的に各事業内容についてパーパスを前提として説明することが浸透した。パーパスが事業計画のベースになり、やるべき事業かどうかの判断基準になった。

パーパスの浸透にあたっては、社内外のコミュニケーションに関わる部門として、「パーパス＆バリューズ事務局」を作った。これには社長（CEO）のスタッフや広報、ブランド、クリエイティブセンター、人事なども参加してもらい、アクティビティを確認している。

ビデオや社内外に向けたウェブサイトの作成、各種クリエイティブなどはグローバルの社員に響くものを目指し、作られた。また、社内の認知度も計測している。というのも、パーパスがさまざまなビジネスの指針となるものだからだ。

社内的には、いかに自分ゴトとしてとらえてもらうかが重要であり、社外的には、一緒に仕事をしたいと思ってもらうためのコミュニケーションツールとなる。また、今回のコロナ禍においては、社内でパーパスが浸透していたおかげで、やるべきことがグループ共通語として話すことができ、スピード感を持って対応できたという。

ソニーほどの規模の日本企業でパーパスを策定しているところはまだ少ない。また、それを除いてもソニーのパーパス策定の流れは、さまざまな意味で先駆的だ。外部任せではなく、経営陣が勝手に決めたものでもなく、社員全員で共創し、経営陣が議論し、最終的に社長が自ら決めるという丁寧な流れを踏んでいるからだ。

ブランドパーパスとベネフィット市場

ソニーの事例は、全世界のグループ従業員をはじめ、多様なステークホルダーを抱える巨大企業の、骨太なパーパス策定プロセスだった。ここで、パーパスの策定をもう少しブランドマーケティングの観点から見てみよう。

米サウスウエスト航空は、その便数の多さやリーズナブルな運賃を、同社のパーパスで上手に意味づけしている。同社の創業者には「Democratize the skies（空を民主化する）」というユニークな言葉がある。言ってみれば、「人々に飛ぶ自由を！」という思いだ。低運賃をはじめ、すべてのサービスは、これまで移動に飛行機を利用できなかった全国民の85％に「空を飛ぶ自由を与えるため」というわけだ。これによって「飛ぶ自由」というナラティブが生まれ、既存のサービスには新たな輝きが加わる。

この理念をベースにした同社のパーパスはこうだ――「Connect People to what's important in their lives through friendly, reliable, and low-cost air travel（親しみやすく、信頼でき、低価格な航空サービスを通じて、人々と、彼らの人生にかけがえのない何かをつなぐ）」。

ここで重要なのは、このパーパスは同社の「市場転換」にも寄与しているということだ。サウスウエスト航空のポジションは、「航空サービスビジネス」ではなく「自由提供ビジネス」だ。「飛ぶ自由」というナラティブになった瞬間、便数が多く低運賃なサウスウエストの独壇場であり、結果として同社は競争優位を持つことになる。

これを、「ベネフィット市場」と呼ぶ。「ベネフィット市場は、ブランドが提供するベネフィットや、そのベネフィットが解決するジョブに基づく市場である。異なる製品カテゴリーのブランド同士が競合する場となっていて、新しい創造につながることがある。」と、クー・マーケティング・カンパニー代表の音部大輔氏は定義する。ベネフィット市場への参入方法のひとつが、戦略的なブランドパーパスの設定というわけだ。

さて、ではここで、ベネフィット市場に参入したブランドパーパス策定のユニークな最新事例を紹介しよう。世界中の誰にも愛される、あのキャラクターが主役だ。

サンリオの事例

ハローキティのパーパスは「普遍的な思いやり」

株式会社サンリオ（以下、サンリオ）は、世界的に有名なハローキティをはじめとする、さまざまなキャラクターがあしらわれたギフト商品の企画・販売、テーマパーク事業、ライセンスなどを行う、日本を代表するエンターテインメント企業だ。

企業理念は「Small Gift Big Smile」。ほんの小さな贈り物が大きな友情を育て、やがて世界平和へとつながる——。１９６０年の創業以来、これを基軸として事業を展開してきた。

ハローキティは１９７４年に制作されて以来、45年以上かけて培われてきたサンリオを代表するキャラクターだ。

ハローキティのブランドパーパスは「普遍的な思いやりで世界平和に貢献する」である。つまり提供価値は「思いやり」だ。英語では優しさや思いを伝えるというニュアンスを込めるために「Compassion（コンパッション）」と呼んでいる。実際ハローキティは、数々の公的機関の大使に任命されるなど「思いやり」をうながす活動の実績がある。なお「かわいい」では

図表2-3　国連との共同企画「＃HelloGlobalGoals」を発表

アミーナ・モハメッド国連副事務総長とハローキティ

国連本部での発表（2019年9月24日）

ハローキティの提供価値は
「思いやり」

©'13,'21 SANRIO S/D・G ©'76,'85,'88,'89,'90,'93,'96,'99,'01,'05,'10,'21 SANRIO APPROVAL No.P1203011

パーパスにならない。なぜなら「かわいい」は相対的な評価の物差しになってしまうからだ。その点、「かわいい」かつ「思いやり」に基づいて行動するキャラクターはほかにはいない。

また「普遍的」には、時間と場所というふたつの重要な軸がある。一過性ではなくずっと続けられる永続性、そして場所を問わず世界中どこでも受け入れられる水平的な広がりである。「思いやり」は日本人だけでなく、全世界の人が持っているべき価値。つまり「普遍的な思いやり」は、グローバルキャラクターのハローキティにしか提供できない永続性のある絶対的な価値なのだ。

ではブランドパーパスを、どこの場で活躍させるべきだろうか。ここで大切なキーワードは「ベネフィット市場」だ。サンリオは「普遍的な思いやり」というハローキティの価値で「社会貢献」という市場に挑むことにした。現在の社会状況とＳＤＧｓという文脈を踏まえると「普遍的な思いやり」は今後大きなニーズがある。

ハローキティは現在、国連が主導するＳＤＧｓ（持続可能な開発目標）のグローバル推進を務めているが、採用の決め手はハローキティこそが「普遍的な思いやりの体現者」だからだ。このブランドパーパスがなかったら、プレゼンの舞台に上がることもできなかっただろう（図表2-3）。

マーケティング部門はブランドパーパスに基づく投資部門という側面もある。どこに投資をするか決める際に、「提供価値」は戦略策定にダイレクトに結びつく。施策、戦術策定においても、一貫性のあるコミュニケーションをするために、何度も「存在意義」「提供価値」に照らし合わせて確認作業をする必要がある。
ブランドパーパスは投資や戦略、営業のための指針であり、それがそのまま会社全体のインナーマーケティングに波及し、社員全員がブランドや事業の方向性について一貫した理解を得ることができるのだ。

パーパスは変えてもよいものか？

さて、まとめに入る前に、ここでひとつの質問に答えよう。その問いとは、「パーパスって途中で変えてよいものなのか？」だ。そして、その答えはイエス。読者の皆さんも考えてみてほしい。「あなたは何のために生きてるの？」と問われて、常にその答えは同じだっただろうか？――私たちの存在意義が、ライフステージや環境によって変わりうるように、**企業の存在意義も社会環境や成長ステージで変化してしかるべきだ。**

プロローグでも取り上げたパタゴニアは、２０１９年に、新たなパーパスとして「私たちは、故郷である地球を救うためにビジネスを営む」を掲げた。メモアプリサービスで知られるエバーノート（Evernote）は、２０１８年のブランドリニューアルにあたって、「あらゆるものを記憶する」から「人々が大切なことに集中するお手伝いをすること」にパーパスを変更した。

パーパスは決して「一度定めたら未来永劫」というものではない。もちろん、頻繁に変える筋合いのものでもない。重要なことは、社会やステークホルダーの関心との接点になっているかどうかだ。世の中が変化する限り、パーパスも変更すべきタイミングがやってくるかもしれない。世の中にマッチしたパーパスの先に、真のナラティブが生まれるのである。

パーパスの設定：実践の３つのポイント

では、ステップ１のまとめに入ろう。パーパスの策定は、ナラティブカンパニーの起点となる。以下が、パーパスを定めるにあたっての実践の３つのポイントだ。

１　内在する「暗黙知」を可視化する
２　ベネフィット市場を意識する
３　設定のオーナーシップを維持する

ひとつずつ解説していこう。

1　内在する「暗黙知」を可視化する

パーパスは、結局のところ「自分たちの中」にしか存在しない。創業時の思いは、時が経つにつれて企業の暗黙知となる。企業の成長とともに、起点がＤＮＡと化したとすればそれも素晴らしい

図表2-4　パーパスの設定：実践の３つのポイント

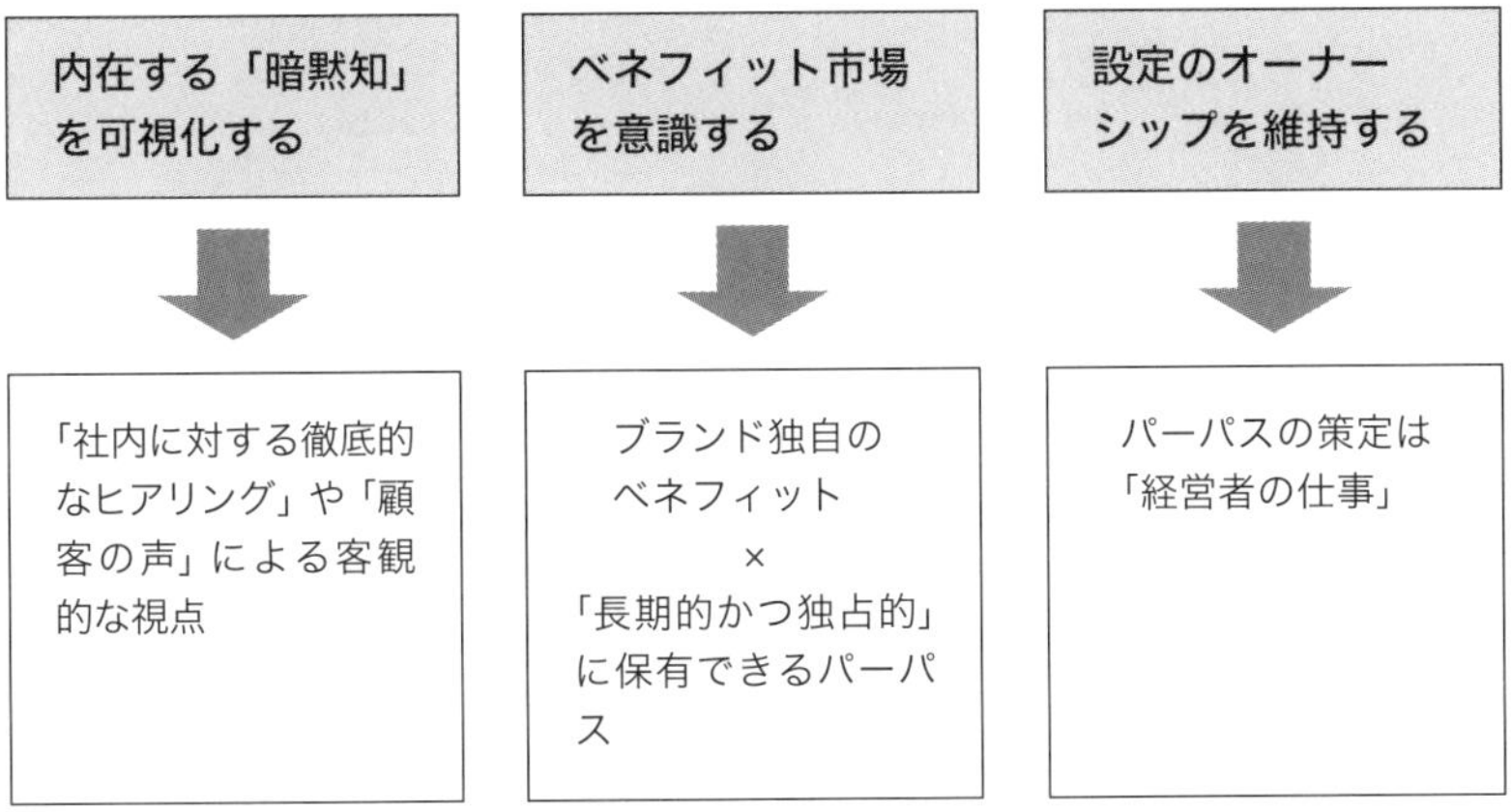

ことではあるが、企業の新陳代謝や外向けの発信を考えれば、その暗黙知を可視化することが求められる。ソニーやサンリオも、そのプロセスを「外注」することなく、社内で徹底的にヒアリングすることでパーパスを可視化していった。

2　ベネフィット市場を意識する

パーパスを定めることが、時としてその企業やブランドの差別化に直結することがある。そこで意識すべきなのが、いわゆる「ベネフィット市場」だ。ハローキティのベネフィット市場は「キャラクター」ではなく「社会貢献」であったし、サウスウエスト航空のベネフィット市場は「航空サービス」ではなく「自由」であった。またそれは、安易にブルーオーシャンを目指すということでもない。すでに実装されている、ブランドのベネフィットありきだからだ。そのブランドが「長期的かつ独占的」に保有できることが重要なのだ。

3　設定のオーナーシップを維持する

パーパスはその企業に内在しているものだから、設定のプロセスでは比較的大勢にヒアリングしたり、広く意見を募ったりする必要がある。つまり「密室」で決めることはできない性質のものだ。ただし、その推進権限は、できる限り絞った方がよい。ソニーも推進チームをつくってはいるが、社長自らがオーナーシップをもって決定していった。結局は「決めごと」なので、合議制にしすぎてはいけない。また、パーパスは決めること自体が目的ではない。現在そして未来の、あらゆる企業活動やステークホルダーとの関係を見越して定めるべきだ。そういった意味では、パーパスの設定は本来、「経営者の仕事」なのである。

STEP 2

パーセプションの形成：ナラティブの「目的」を明確にする

「パーセプション」とは何か？

パーパスという「自分たちの存在意義」が決定できたとしよう。STEP1で話したように、パーパスはすべての「起点」となる。それをベースに、多岐にわたる企業活動やコミュニケーション活動が取捨選択されていく。

次にステップ2としてフォーカスしたいのは、その「目的」について、である。従来、マーケティングや広報活動で最も重視されていたのは「認知（アウェアネス）」であるが、実際は認知向上だけを追い求めていたわけではないはずだ。多くのマーケターや広報担当者は認知の獲得と併せて、どう消費者の意識を変えるか、ブランドや商品に好意的なイメージを持ってもらうか、を考えていただろう。そして、それこそが、「パーセプション」と呼ばれるものである（図表2－5）。

図表 2-5　認知と認識の違い

「認知（アウェアネス）」 →	物理的なモノや事象、 それ自体の存在を知ってもらうこと
「認識（パーセプション）」 →	知覚、理解、認識 ＝ モノゴトの見え方や捉え方

『大辞林』には次のように記されている。

パーセプション【perception】知覚。理解。認識。

辞書的にはこのような意味だが、もう少し平たく言えば、モノゴトの見え方や捉え方という感じだろう。物理的なモノや事象は、実在するもの。しかし、その「見え方」となってくると話は違う。見え方や捉え方というものは、人によって異なることが多く、時代によっても移り変わる。トレンドの発生や移り変わり、そして衰退の裏には、常にパーセプションの変化が潜んでいる。そうした認識の変容は、**「パーセプションチェンジ」**と呼ばれる。

「物語的な共創構造」であるナラティブは、認知向上のためにあるわけではない。パーパスの具現化がナラティブだとすれば、それは「より知ってもらうこと」ではなく、**何らかの価値観にもとづき、社会的な認識（パーセプション）をつくること**だ。このことが、ナラティブ実践における目的設定がパーセプション形成であるべき大きな理由である。

さて、ここで読者の皆さんにちょっと質問してみたい。本書を執筆している２０２０年、コロナ禍が世界を席巻した年の、最大のパーセプションチェンジは何だろうか？

２０２０年最大のパーセプションチェンジは？

ずばり、それは「マスク」だろう。新型コロナウイルスの感染拡大に伴い、世界的な（とりわけ欧米での）マスクへのパーセプションに変化が起こったのだ。日本では風邪の予防や花粉症対策で病気でなくてもマスクをすることは、新型コロナウイルスの感染拡大以前も一般的だった。一方、欧米ではマスクはあくまでも医療用という認識が強く、日常生活で着用する習慣はなかった。マスクを着用している人はすなわち「病人」という認識なのだ。

変化が起こったのは２０２０年４月。それまで、「必ずしもマスクの着用は必須ではない」と見ていたＷＨＯ（世界保健機関）が指針を一部変更し、飛沫《ひまつ》感染を防ぐ効果があるとの見解を示した。ウイルス感染拡大の事態が深刻化するにつれ、欧米でも飛沫感染を防ぐため、日常生活でのマスクの着用が当たり前になった。ロックダウンを実施中の都市では、マスクを着用しなければスーパーへの入店すらままならない。ドイツでは感染拡大を防ぐため、２０２０年４月27日からマスク着用が義務化された。欧米においてマスクは医療用具に、日常的に使う未病製品というパーセプションが加わったわけだ。

さらに、その後は著名なファッションデザイナーやブランドが個性的でおしゃれなマスクを相次

2020年6月1日、通勤時間帯の品川駅はほぼ全員がマスク姿

撮影：梅谷秀司

いで発表した。ルイ・ヴィトンやバレンシアガといった、ラグジュアリーブランドのマスク生産参入は記憶に新しい。こうして、マスクは日用品からさらにファッションアイテムへと進化しようとしている。わずか半年ほどの間に、世界的なマスクへのパーセプションは、「病人がするもの」から「日常で必要なもの」、さらには「個性を表現するアイテム」まで、一気に変化したわけである。

メルカリもジントニックも、認識を変えて成功した

マスクのパーセプションは、コロナ禍という前代未聞の外的要因により否応なく変容した。しかし、企業が意図的にパーセプションをコントロールして成果を出すこともある。

日本を代表するメガベンチャーとなったフリー

マーケットアプリ開発のメルカリ。東証マザーズ上場前の２０１７年、世の中のメルカリへのパーセプションは、「ポッと出のイケイケな急成長ベンチャー」だった。当時の認知度はほぼ90％。大きな注目を浴びていたが、違法な商品の売買の場として利用されているといったネガティブリスクが顕在化し、「メルカリは法令遵守意識の低い、自社利益を追求する企業だ」という認識が生まれつつあった。

これを、「ＣｔｏＣ（消費者間取引）マーケットのインフラを担う、応援すべきテクノロジー企業」というパーセプションへと変容させることが、メルカリの広報に与えられたミッションだった。世論を形成する大手マスコミや40～60代男性が多いオピニオンリーダー対象にメルカリが消費行動に与える変化の調査データを公表したり、米国へのメディアツアーを実施したりした。こうした積み上げが奏功し、マスコミの論調も変化した。２０１７年時点では「『メルカリ』は泥棒市場だ」（『週刊新潮』8月31日号）という評価だったが、２０１８年には「スマホ上の巨大フリマを世界へ」（朝日新聞4月14日）といった見出しの記事が増えた。メルカリは狙いどおりのパーセプションを獲得することに成功したのである。

洋酒メーカーのバカルディ ジャパンは、「ジントニック」というカテゴリーのパーセプションをカクテルの一種から、大衆的なアルコール飲料へと変化させることを狙った。戦略のキーワードは「食べ合わせ」。ＡＩを用いた科学的分析で、「ジントニックと相性の良い食べ物は何か？」という実証を行い、その結果導き出されたのが「カレー」だった。ジントニックとカレーは「味」という部分で補完関係にあり、スパイスがシナジー効果をつくる、非常に相性の良い組み合わせだった。

２０１９年10月、バカルディ ジャパンは「ジントニックとカレーは、赤ワインと肉以上に相性がいい」というプレスリリースを発表。この意外な組み合わせは、ＳＮＳ上でも「試したことはないけど気になる」「まさかの面白いことを全力で研究している」といった反響を呼んだ。同社はその後もカレーフェスとのコラボやカレー業界への啓蒙を積極的に行い、「カレーにはジントニック」という新たなパーセプションを獲得していった。ジントニックにフォーカスした施策によってボンベイ・サファイアの出荷数は２０１５年から5年間で１・7倍の6万ケースにまで成長。カレーとの組み合わせなど、新しい飲用シーンの提案によって市場が徐々に拡大している。

ナラティブカンパニーは「パーセプションの形成」を目指す

なぜ、パーセプションを変えたり獲得したりすることが重要なのか？　それは、**パーセプションの変容がそのまま行動の変容（ビヘイビアチェンジ）に結びつく**からだ。

図表２-6を見ていただこう。パブリシティ（情報露出）という手段から行動変容まで、変化が生まれる構造を明確化すべく、グローバルのＰＲ業界を中心に提唱された「ＰＲのピラミッド」と呼ばれるものだ。このピラミッドの最上層が、ビヘイビアチェンジ（＝行動変容）だ。情報が世に出て、それに触れた人々のパーセプション（認識）が変化する。その結果、それまで当たり前のようにとっていた行動が変わったり、新たな習慣が始まったりする。

人の行動はそうそう簡単に変わるものではない。信頼できる情報に十分に触れて、その結果ジワ

図表 2-6　PR のピラミッド

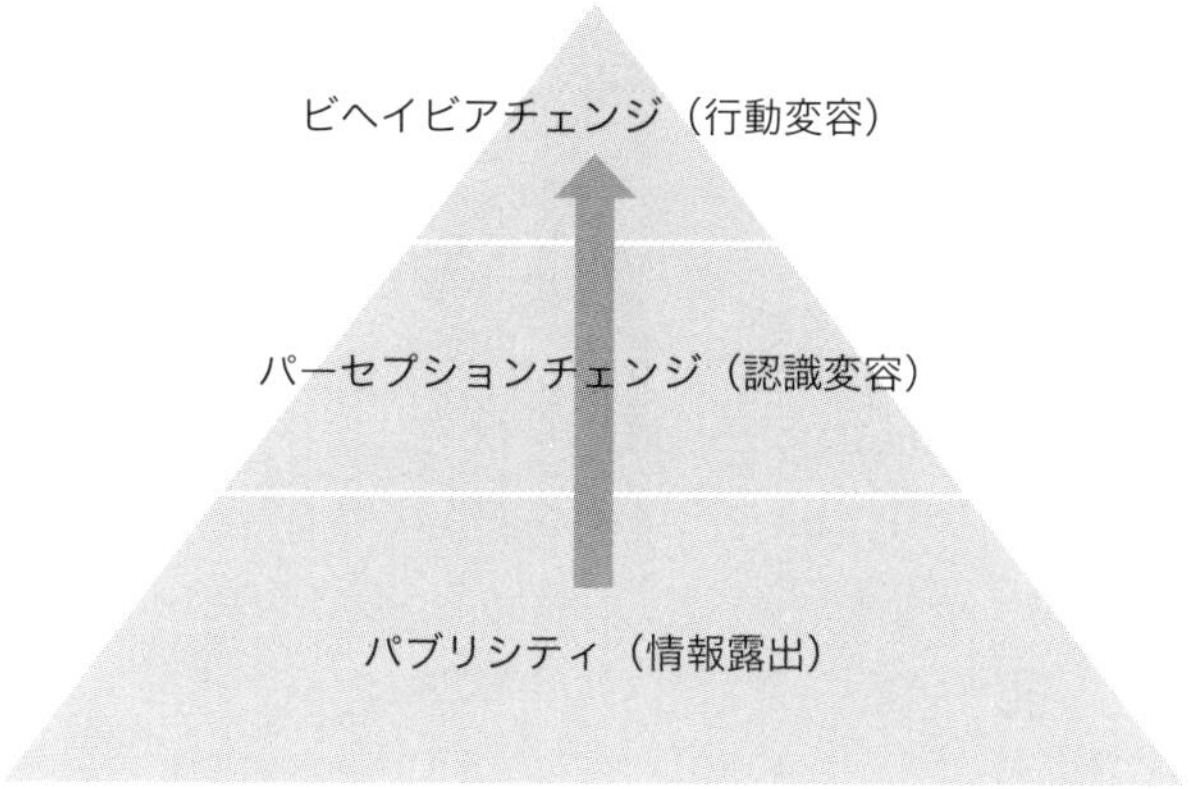

ジワと自分のモノの見方が変わっていき、最後にはコップの水があふれるかのように、具体的な行動に変化が現れる。その結果、ビジネスや事業目的が達成される。このピラミッドにおける上昇フローを、「物語的な構造」の中で起こすことこそが、ナラティブカンパニーの醍醐味だ。ナラティブカンパニーにとっては、闇雲な認知拡大ではなく、パーセプションの形成や変容が「重要な目的」となるのだ。

パーセプションを言葉にする

パーセプション形成にあたって、まずすべきことは何か。シンプルながら重要なことなのだが、それは「獲得すべきパーセプションを言語化」することだ。これが案外に難しい。

僕自身、ナラティブプランニングの仕事を始めるにあたって、「どのようなパーセプションをつくりたいとお考えですか？」とクライアントに質問することがよくある。正直に言えば、そこで「本来のパーセプションを示した答え」が戻ってくることは稀だ。その理由のひとつとして、どうしても主観的な発想から抜け出せないことがある。

「もっと親しみやすい、って思って欲しいんですよね」――これは単なる「願望」である（百歩譲って、「目標」かもしれない）。ここで決定的に欠落するのは、「客観性」である。

パーセプション（認識）とは、どこまで行っても相手が持つものだ。だから、いったんあなたの願望は置いておいて、相手の立場に憑依してみる。憑依して、「向こう側からの視点」で見たときに、どのような認識を持ってもらえばいいのか。ここが大事なところだ。

ここで、事例を見てみよう。「第一印象はつくれる」というパーセプション形成がマーケティングの主軸になった成功事例だ。

資生堂のｕｎｏの事例

「第一印象はつくれる」日本男性の認識を変えてヒット

２０１９年3月に発売、２０２１年2月に累計出荷数が１００万個を超えた、資生堂が展開するメンズブランド「ｕｎｏ（ウーノ）」のヒット商品「男性用ＢＢクリーム」。ｕｎｏはコロナ禍においても過去最高のシェアを更新し、メンズフェイスケア市場で躍進を続けている。この大ヒットの裏でも、実はパーセプション形成が大きなカギを握っていた。

ＢＢクリームとは、メーカーによって多少成分の違いはあるが、美容液やファンデーションなどの機能を兼ねたオール・イン・ワンの美容クリームのことだ。女性の愛用者は多いが、国内では男性利用者がほとんどいなかった。２０１９年３月の発売当初は一部のドラッグストアやＥＣサイトなど、販売チャネルを限定していた。整髪料や洗顔料とは異なり、一般的な男性にはなじみが薄いと考え、全国展開は時期尚早と判断したからである。

資生堂ジャパンのメンズ・ヘア・ボディマーケティング部バイスプレジデントの佐藤小百里氏は「男性用メイク用品は、２０１８年の秋冬に外資系の高級ブランドが発売したのが先駆け。その流れはいずれ国内にも及ぶことは予想できた」と言う。しかし、日本国内での展開では、男性のメイクに対する認識が大きな壁となることが予想できた。

発売に先駆けた調査では、「メイクは主に女性がすること、男性には気恥ずかしい」という認識が最も大きな心の障壁だとわかった。一方で、「どんなに服装や髪形に気を配っていても、顔色が悪かったりニキビ痕があったりする状態では自信が持てず、人に会いたくない」「肌の状態を健康に保ち、第一印象をよくしたい」という気持ちが強いことも浮き上がってきた。

ｕｎｏチームは「第一印象をよくしたい」という理想に対して、新たにメイクを解決策として提案することを決めた。若い男性社会人、特に30代は自らのキャリアのステップアップのために資格取得の勉強をしたり、起業家セミナーに通ったり、心身を鍛えるためにジムへ行ったりなど、忙しい時間を割いて努力している。だからこそ、時短で肌の見た目を整え、第一印象をつくれるメイクは需要が高いと考えられた。

そこで、メイクによる最終的なベネフィットを仕事やプライベートの充実に設定し、「第一印象はつくれる」というパーセプションを形成することにした。それがプロダクトの「第一印象は、速攻つくれる」というメッセージにもつながる。これを引っ提げて、キャリアアップしたい人や就活生などにＰＲしたのだ。

具体的には、起業家向けセミナーや、エンジニア向け転職セミナー、就活セミナーなどで来場者にＢＢクリームを紹介した。といっても、セミナーのメインコンテンツはあくまでも起業や転職、就職活動に重要なポイントを専門のコンサルタントが説明するもの。ｕｎｏはそれに付随する形で「商談や面接では第一印象も大事。それをサポートするのがＢＢクリーム」と最後に控えめに一言添えるという程度にとどめた。そしてこのセミナーの様子をメディアに取材してもらい、露出につなげるという方法をとった。

こうした手の込んだ方法を選んだ理由は、ｕｎｏ自らが生活者に「男性もメイクをするのが当たり前」というメッセージを伝えても、売ることを目的とした企業の主張だとそっぽを向かれてしまう可能性があったからだ。第三者的な立場となるメディアから男性用メイクについて言及したほうが、受け入れられやすいと考えた。俳優の窪田正孝を起用し、２０１９年秋から放送を始めたテレビＣＭを中心としたマス広告のクリエイティブでも、メイクによるベネフィットが徹底的に表現されている。大事な商談があるのに夜更かしして目の下にクマができ

図表 2-7　セミナーなどで「第一印象はつくれる」という
パーセプションを形成した資生堂の uno

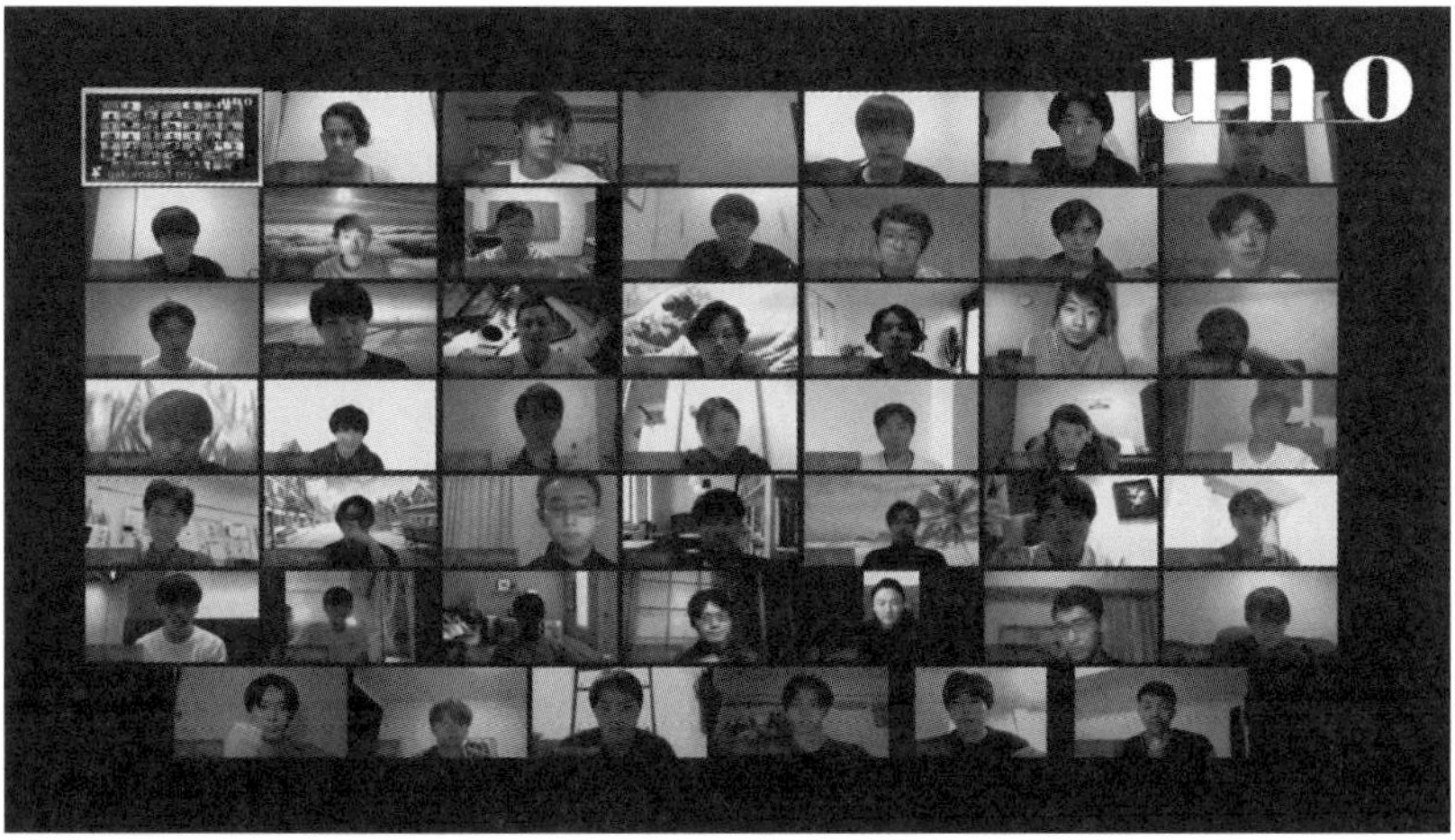

画像提供：資生堂ジャパン

てしまった窪田が、3ステップでぱりっとしたビジネスパーソンに変身し、海外クライアントとの商談成立で終わるという内容だ。

こうしたマーケティング施策を展開したことで、男性がメイクに抱く印象も変わりつつある。ｕｎｏチームが２０１９年10月に実施したアンケートでは、ＢＢクリームの塗布やアイブローで眉を整える行為の経験がない男性に、それらの行為をしてみたいかを聞いたところ、26・2%が「すごく思う」、25・3%が「思う」と回答。「機会があったらしてみたい（35・3%）」を加えると、約9割の男性が「してみたい」という意向であることがわかった。この結果からも、男性のメイクに対する抵抗を大幅に下げたことがうかがえる。

「第一印象はつくれる」というパーセプションをつくり、ヒット商品を生み出したｕｎｏは、日本に存在していなかった男性用メイク市場と、男性用ＢＢクリームというカテゴリーを生み出したと言える。ブランド認知よりも、新たなパーセプションをつくることで新市場を創造した好例と言えるだろう。

パーセプションを形成する「5つの要素」

ところで、そもそもパーセプションはなぜ出現するのだろうか？　パーセプションは制御できない結果論でもあるが、「どう見られているか」という認識は、複数の要素に起因する。それが、パー

図表2-8　パーセプションを形成する「5つの要素」

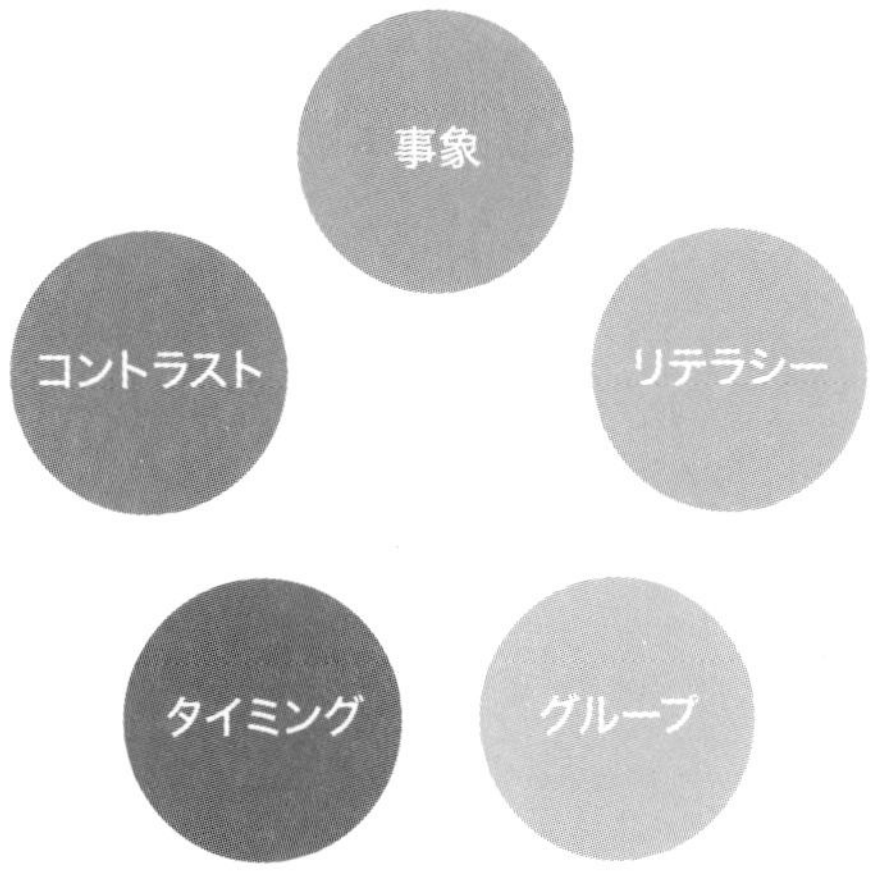

セプションを形成する５つの要素――「事象」「リテラシー」「グループ」「タイミング」「コントラスト」だ。ここでは、わかりやすく、その要素を「転校生」で例えてみよう。

あなたは転校した経験はあるだろうか。転校初日は、クラスメートの前で自己紹介をすることになるだろう。これで「認知」される。その時点で、パーセプションは生まれていない。情報が足りないからだ。その後に得る情報によって、クラスメートそれぞれが転校生に対する「パーセプション（認識）」を持ち始める。

「前の学校でけんかをして、停学処分になったことがあるらしい」。もし、こうした話がクラス中に広がったとすれば、その転校生はたちまち「けんか早い人」「怖い人」というパーセプションを持たれ始める。これが１つ目の要素である「事象」だ。

すべてのパーセプションには、それに至る事象や事実が介在する。火のないところに煙は立たないというわけだ。さらに言えば、イメージ（印象）との大きな違いでもある。転校生に対して怖そうという印象を抱くのは、あくまでイメージであってパーセプションではない。パーセプションを持ったり持たせたりするには、その真偽はともかくとして、何らかのファクトを伴う具体的な事象が必要となる。

パーセプションは、実はクラスメートが育ってきた社会や家庭環境にも左右される。転校生の言動を観察して、日本人のクラスメートの大半が「かなり乱暴な人」という認識を持ったとしよう。ただ、治安の悪い街で育った経験を持つ生徒から見れば「たいしたことない」と認識するかもしれない。転校生のやっていることは一緒でも、それを見ている人の経験や価値観によって異なるパーセプションが生まれる。これが、２つ目の要素である「リテラシー」だ。

物事を認識するリテラシーは、当事者が育った社会環境や文化的背景によって異なってくる。たとえ同じ事象でも、受け手のリテラシーによって期待値や納得感が変わるのだ。

転校生がクラスメートからどう見られるかは、一緒に行動する相手も影響する。校内で悪名高い不良グループと一緒に行動すれば「不良」、注目のおしゃれグループと一緒であれば「おしゃれ」というふうに、クラスメートのパーセプションは分かれるだろう。所属するグループに対するパーセプションは、個人のパーセプションにも影響を与える。これが３つ目の要素である「グループ」だ。

私たちは、何かを見聞きしたら、次に、それが何かを理解しようとする。しかも、なるべく早く効率的に理解したいという心理が働く。この助けになるのが、グルーピングやカテゴリーの発想だ。既知のものと同じ仲間だとわかれば理解も早い。裏を返せば、どのグループ所属と思われるかによって、パーセプションも変わってくるわけだ。

「タイミング」もパーセプションの形成に大きく影響する。転校生を例に例えるなら、学校の状況はタイミングを左右する。日本テレビのドラマ『ブラック校則』が話題になったように、近年は規則の見直しなど学校の運営方針も見直しが進む。それに伴い校風は変化する。厳しい校風の時期、あるいは自由な校風の時期といった転校する時期によって、パーセプションは変化する。

そして、最後の要素が「コントラスト」だ。仮に転校生について、「怖い人」というパーセプションがクラスメートの中でほぼ定着した頃に、別の転校生がやってきたとしよう。この新しい転校生は「番長」と呼ばれるような存在だ。彼は誰もが認める「校内で一番怖い人」になった。こうなると最初の転校生を怖いという印象は薄れ、やがてそれが共通認識となり、パーセプションは「たまに怖いけど普通の人」へと変化する。

以前は都内で最も高い建造物だった東京タワーも、東京スカイツリーの隣なら低く感じる。物事は常に相対評価される。コントラストが与えられることで、丸いと思っていたものが四角に見えたり老けていると感じた人が若く見えたりする。これがコントラストによるパーセプションの形成だ。

特定のパーセプションはなぜ形づくられるのか。その要因を分解することで、メカニズムが少しはおわかりいただけただろうか。もちろん、パーセプション形成は、必ずしもこの５つの要素が揃うことが条件ではない。１つの要素だけで起きる可能性もある。しかし、こうした要素を理解することが、意図的なパーセプションのコントロールに近づく道となる。

ワールドの事例

アパレル→「Ｄ２Ｃのまとめ役」へと変容

日本のファッション業界は今、大きな転換期にある。大手メーカーによる大量生産・大量消費が前提のビジネスモデルは、消費者の嗜好多様化への対応を迫られている上、コロナ禍が業界不振に追い討ちをかけた。それは大手アパレル（既製服）会社の株式会社ワールド（以下、ワールド）も同じだ。

ワールドは１９５９年創業。婦人、紳士、子ども服のほか装飾品や縫製加工業なども手がける大手アパレル会社だ。卸事業に始まり、日本初のトータルコーディネイトブランドの開発、ＳＰＡモデルの小売業（製造小売業。自社製品を自前の小売で販売すること）、同社がプラットフォーム事業と呼ぶＢ２Ｂ事業へと事業領域を拡大してきた。

Ｂ２Ｂ事業では空間・店舗デザインや、什器・家具の製造販売、配送資材などのコスト削減コンサルティング、催事の企画運営など、同社が培ってきたノウハウやシステムを提供。また、アパレル事業やB2B事業を加速するためのデジタル事業にも領域を広げている。

ざっくり言うと、日本の旧来のアパレルにおけるビジネスの構造は、自社ブランドのアパレルや、海外ブランドとライセンス契約を結んで、百貨店や全国の駅ビルやショッピングセンターなどに実店舗を構えて販路を広げ、販売するというビジネスモデルだ。ワールドも、紳士服の「タケオキクチ」やキャリア女性向け婦人服「UNTITLED」、雑貨を扱う「ITS' DEMO」といったブランドを全国で展開している。

一方で、同社の場合、全国津々浦々に実店舗を構える旧来型のアパレル会社とは大きく異なり、現在は事業領域が多角的に広がっているのが特徴だ。そして、B2B事業に集約されているノウハウやシステムを開放する「ワールド・ファッション・エコシステム（WFES）」と呼ばれる新ビジネスモデルで若い才能を支援し、ファッション業界全体の活性化を目指している。

しかし、それがなかなかステークホルダーに伝わらないことが同社の悩みだった。なぜならB2B事業そのものが外部からはわかりにくく、どうしても、「旧来型のアパレル会社」というパーセプションが付きまとってしまうからだ。加えて、自社ビルであるワールド北青山ビルを活用することも課題のひとつだった。

自社ビルを活用しつつ、目に見えにくいB2B事業を可視化させ、複数のステークホルダーに伝えるにはどうしたらいいのか？　それには「古くて大きい過去のアパレル会社」というパーセプションを刷新し、「エコシステムを開放する総合ファッションサービスグループ」という新たなパーセプションを訴求する施策を打たなければならない。

その課題を打破するために展開したのが、「GOOD FOR FUTURE」をコンセプトに掲げて、２０１９年９月14日〜23日にワールド北青山ビルで若手クリエイターとともに開催した、期間限定の「246st.MARKET（ニイヨンロク ストリートマーケット）」という実験店舗だ。ここに「サスティナブル」をテーマとして、実店舗を持たない14の「D2Cブランド」が集結した。

実は今、ファッション業界で存在感を増しているのが「D2Cブランド」だ。D2Cとは、製造業者が流通業者や他社を介さず、ECサイトを使って消費者に対して商品を直接的に販売する仕組みのこと。中間マージンが発生しないのでコスト削減につながるというメリットがあるが、注目されているのはそれだけではない。製造業者は、自らの哲学や思いが反映された商品を小ロットで製造販売し、その哲学に共鳴した顧客がそれを買い求めるという構図がそこにはある。製造業者と消費者とのコミュニケーションが密接なのもD2Cブランドの特徴だ。

そして、もうひとつのキーワードが「ポップアップ」。２０１６年にオープンした米国ニューヨークのチャイナタウンにある「Canal Street Market（キャナル・ストリート・マーケット）」は、地元ニューヨークのデザイナーや職人の小さなブースが集まるポップアップ型の次世代百貨店として大きな話題となった。ポップアップ型は、世界のファッション業界でも、新しいマーケットの形として注目されている。

つまり246st.MARKETは、ファッション業界で今もっとも注目される実店舗を持たないD

２Ｃブランドが集結した、ポップアップ型の「新しい時代の百貨店」なのだ。この試みは、その先見性からファッション業界だけでなく、ビジネスやライフスタイルメディアで広く報道されたほか、ＳＮＳでも多く拡散された。その結果、ワールドのＢ２Ｂ事業におけるステークホルダーの強い関心を得ることに成功した。

なお、ここで言うステークホルダーとは、Ｂ２Ｂ事業の相手である新興ファッションブランドやデベロッパー、246st.MARKETに参加したＤ２Ｃブランドのファン、ワールドにインターンに来ていた学生、そしてワールドの従業員などを指す。

例えば、複数カテゴリー（ファッション、ジュエリー、バッグ、シューズ、フード、ドリンク）のＤ２Ｃブランドが実店舗販売する際の課題を、デザイン性が高くフレキシブルな什器を開発・提供したり、ＱＲコードでネットショップに誘導するシステムを採用・提供することで解決した。これにより、新興ファッションブランドやデベロッパーの関心を得た。

また、Ｄ２Ｃブランドは大手ビジネスメディアにも注目されてはいるが、現状としてはリソースに限界もあり、新しい顧客接点を求めていたのも事実だった。そのためＤ２Ｃブランド側としては、「青山の一等地にあるワールド北青山ビルにＤ２Ｃブランドが集結する」という話題性を通じて新しい顧客へＰＲするという目的も達成できる。実際、246st.MARKETに集まった他のブランドのコンセプトは、各ブランドのストーリーに共感するファンにとっても響くものであり、ブランド相互での送客が成立した。

また、246st.MARKETは、ＳＮＳでのリツイートなど自然発生的な拡散で１００万人にリー

図表 2-9　ワールドのパーセプションを変えた 246st.MARKET

画像提供：ワールド

チ。雑誌やＷｅｂメディアなどの記事掲載は６１０件にも及び、メディア露出による認知促進の成果もあった。具体的には、複数のデベロッパーからの問い合わせや、首都圏商業施設からポップアップ型百貨店展開の打診などのほか、大型商業施設から空床活用の相談やポップアップ展開時の什器開発の問い合わせなどがあった。

　イベントに参加したインターン学生の、ワールドグループのプラットフォーム事業の認知や理解が促進され、満足度の高いプログラムになったことも注目される。参加者アンケートでも、事業についての理解が深まったという回答が90％、246st.MARKETに参加して非常に満足したという回答が85％にも達した。また、ワールドのアパレル事業に携わる社員が、自ブランドの参考にすべく複数回来場して購買を実体験するなど、インターナル（社内）への良い刺激も生まれた。

なお、246st.MARKETの取り組みは1回では終わらず、複合商業施設「ニュウマン横浜」で2回目、ワールド北青山ビルで3回目が開催され、継続性のある取り組みとなっている。どちらともコロナ禍を鑑み大々的なPRはできなかったが、目標としていたKPIは達成できている上、デベロッパーからの出店オファーも途切れないそうだ。

246st.MARKETは、同社のパーセプションを「エコシステムを開放する総合ファッションサービスグループ」に変化させただけではない。このイベントを継続することで、サーキュレーション・ライフスタイルやサスティナブルといったトピックに関心の高いミレニアム世代が共感する、ビジョンを持ったD2Cブランドをまとめている会社というナラティブを生み出している。

パーセプションの形成：実践の3つのポイント

パーセプションの形成は、ナラティブカンパニーにとって重要な目的だということがご理解いただけただろうか。パーセプションの形成を実践するには、以下の3つのポイントが重要になる。

1　形成すべきパーセプションを言語化する
2　対象がカテゴリーかプロダクトかを判断する
3　5つの形成要素を活用する

ひとつずつ解説していこう。

1　形成すべきパーセプションを言語化する

企業やブランドの、既存の、あるいは獲得したいパーセプションは、かなり明確に言語化する。とくにパーセプションチェンジを狙う場合は、そのビフォーとアフターを明確化するべきだ。そして、注意が必要なのが、パーセプションは「客観的なもの」だということ。パーセプションとイメージは違う。例えば、「よりカッコよくしよう」「もっと優しいイメージにしよう」というのは、主観に寄り過ぎている。パーセプションとは、相手あるいは周囲が、あなたをどう見ているのか、という客観的かつ具体的な認識のことだ。

まずやるべきは、自分たちは現在どのように見られているかを認識すること。その上で、「私たちはこう見られるべきだ」という客観的なパーセプションを設定することが重要だ。

2　対象がカテゴリーかプロダクトかを判断する

続いて、パーセプションを形成する対象が、「カテゴリー」か「プロダクト」かを判断する。例

図表 2-10　パーセプションの形成：実践の３つのポイント

形成すべきパーセプションを言語化する	対象がカテゴリーかプロダクトかを判断する	５つの形成要素を活用する
パーセプション ＝ 「客観的かつ具体的認識」	自社のマーケティングや広報戦略上、どちらが効果的かを考えて選択する	「事象」「リテラシー」「グループ」「タイミング」「コントラスト」の５つを活用

えば、前述した洋酒メーカーのバカルディジャパンは、「ジントニック」というカテゴリーのパーセプションをカクテルの一種から、大衆的なアルコール飲料へと変化させることを狙った。

同社のプレミアムスピリッツ「ボンベイ・サファイア」というプロダクトではなく、市場拡大を狙い、所属しているカテゴリー自体のパーセプションの変容を狙ったわけだ。

資生堂のｕｎｏが形成したのも、「男性用メイク」というカテゴリーにおけるパーセプションだと言える。

こうしたパーセプション形成の対象は、自社のマーケティングや広報戦略上、どちらが効果的かを考えて選択する必要がある。

3　５つの形成要素を活用する

具体的にどのようにパーセプションの形成を行うかのヒントは、前述した「パーセプションを形成する５つの要素」を活用する。例えば、バカルディジャパンの「ジンとカレー」のパーセプションづくりには、「グループ」の形成要素が寄与している。ジントニックが「カレーの仲間」と認識されることで、「カクテル」としての認識は薄れ、カレー領域に紐づいている市場が広がる。

「ｕｎｏ」の男性用ＢＢクリームの事例では、「リテラシー」のギャップがパーセプション形成に関与している。海外のビジネスシーンにおいては、肌の状態は自己管理の象徴と言われる。つまり、男性メイク市場において、海外にあって日本には存在しなかったのが、「第一印象はつくれる」というパーセプションだった。

STEP 3 ナラティブスクリプトの作成：ナラティブを「描く」

「ナラティブスクリプト」とは何か？

さて、5つのステップの中で最も重要な話――ナラティブスクリプトの作成、すなわち「ナラティブを描く」ことについての話を始めよう。「物語的な構造」であるナラティブを「描く」とは、いったいどういうことなのか。いささか抽象度が高い話に聞こえるが、まずここでプロローグで説明したことの一部をおさらいしておこう。「ナラティブとストーリーの違い」だ。

1 **「演者」の違い**
2 **「時間」の違い**
3 **「舞台」の違い**

ストーリーにおける主役が企業やブランドなのに対して、ナラティブではあなた（生活者）を含むマルチステークホルダーが演者＝物語の登場人物となる。ストーリーには「起承転結」があって必ず終わりが来るが、ナラティブは現在進行形であり未来をも包含するので「終わり」という概念がない。そして、ストーリーの舞台が業界や競合環境なのに対して、ナラティブの舞台は「社会全体」だ。ここではストーリーとの違い、という観点から解説しているが、この3要素こそが、すなわちナラティブというものの特性なのだ。

　言い方を変えれば、ナラティブスクリプトの作成、ナラティブを「描く」とは、**どのような「脚本」をこの3つの要素をベースに仕立てるかだ**。社会を舞台に、演者たる当該企業とステークホルダーがどのような物語を、永続的に紡いでいくべきなのか――ナラティブを描くことは、映画やドラマにおける脚本家の仕事に近いかもしれない（ちなみに僕自身は、半ば冗談で、「自分の仕事はナラティブ作家」だと仕事仲間に吹聴している）。ここでは、、その具体的な手法論である**「ナラティブスクリプト」**についても解説する。

　さて、ナラティブを描くにあたっては、大きく2つの大切なポイントがある。ナラティブの「範囲」と「余白」だ。まずは、それぞれがどういうことか、解説していこう。

ナラティブの「範囲」を決める

ひとつめの重要な要素が、ナラティブの「範囲」である。具体的には、「物語的構造」の舞台はどこなのか、その中には誰が登場するのかを決めること――ナラティブを描くことが脚本家の仕事に近いとすれば、まさにドラマの舞台設定と登場人物設定がそれにあたる。

米国には「ブラックフライデー」と呼ばれる日がある。感謝祭（11月の第4木曜日）の翌日であるブラックフライデーは、国民的な「セールの日」。小売業界にとっては最大の書き入れ時だ。このブラックフライデーに、なんと、「１５０を超える全店舗を休業する」と発表して話題になったのが、米国有数のアウトドアブランド、ＲＥＩ社だ。そもそも、近年のブラックフライデーには、大勢の客が並んだり店舗に押し寄せたりすることから否定的な世論もあった。「お店に来るのではなく、アウトドアに出かけて自然に接してほしい」というメッセージは大きな共感を持って受け入れられ、ＲＥＩ社はその株を上げた。

これぞ素晴らしいナラティブであるが、さらに注目したいのはその「範囲」だ。ＲＥＩ社は、アルバイトを含むおよそ1万３０００人の全社員に有給休暇を与え、まったく同じメッセージ――仕事に来なくていいから、家族や愛する人とアウトドアに出かけてください――を従業員にも体現した。つまり、ＲＥＩ社の「物語的な構造」には、ユーザーやアウトドア業界だけではなく、重要なステークホルダーである自社従業員も巻き込まれた格好だ。インターナルコミュニケーションとしても秀逸であり、ナラティブの範囲がよく考えられた実例だろう。

日本でも、最近はナラティブの範囲が戦略的によく考えられたキャンペーンが注目を浴びるようになってきた。２０１９年に大きな話題となった、ヘアケアブランド「パンテーン」の、「＃この髪どうしてダメですか」キャンペーンもそのひとつだ。

パンテーンの事例

「#この髪どうしてダメですか」

Ｐ&Ｇのヘアケアブランド「パンテーン」は、「あなたらしい髪の美しさを通して、すべての人の前向きな一歩をサポートする」というブランドフィロソフィーを持つ。そして、このフィロソフィーを世の中に広めるために、２０１８年より「さあ、この髪でいこう。#HairWeGo」というブランドメッセージのもと、髪にまつわる日本の同調圧力に疑問を呈し、一人ひとりの個性を考えるきっかけをつくるキャンペーンを展開している。

中でも「#この髪どうしてダメですか」キャンペーンは大きな反響を呼んだ。地毛なのに黒染めを強要されたり、「地毛証明書」の提出を求められたりする、いわゆる「髪型校則」にアプローチした結果、有志によって、黒染め指導廃止を求める署名活動が発足した。結果的に約2万人の署名が集まり、東京都教育委員会が都立中学高校での黒染めの指導廃止を宣言するなど、社会的な行動変容を促すことに成功したのだ。

これにより、２０１９年には公益社団法人日本パブリックリレーションズ協会が主宰する「ＰＲアワードグランプリ」でゴールドを獲得。キャンペーンの取り組みを通して、社会を巻き込みながらブランドの理念を体現したことが評価された。

このキャンペーンが考え出されたきっかけは、長く売り上げが低迷していた「パンテーン」

ブランドのテコ入れを考えていたＰ＆Ｇ ＡＰＡＣフォーカスマーケット ヘアケア事業部のマーケティング統括責任者である大倉佳晃氏の個人的な体験からきている。それは、就職活動だ。個性を表現することが好きな大倉氏は、就職活動のために真面目に見える髪型にしたりリクルートスーツを着たりすること、そして、就活生らしい身だしなみであるべきという同調圧力が、どうしても我慢ならなかった。実際、Ｐ＆Ｇの面接は穴あきジーンズで臨んだという。

現在シンガポールに駐在している大倉氏は、海外に住んでいても感じる日本の同調圧力に違和感を覚え、同調圧力と個性でブランドアクションを取れないかと考えた。ひとつは就活生を応援する「#令和の就活ヘアをもっと自由に」キャンペーン。１３９社が賛同し、就職活動を行うことを応援するＴＶ広告・動画も公開した。

もうひとつ、就職活動以外の切り口をマーケティングチームで探していた時に見つけたのが、地毛証明書の存在だ。２０１７年、生まれつき茶髪の女子高生が、学校からの度重なる黒染め強要で精神的苦痛を受け、訴訟を起こした事件がニュースになった。しかしその後は社会的に髪型校則について見直されるアクションがないままになっていた。マーケティングチームにとってこの事実は、一人の女子高生のストーリーにつながる、新たなナラティブの発見だった。このテーマで行こう、という判断は早かった。

ちなみに、シナリオのテーマを社会的にニュースになっていることから見つける、つまり、ローカルでユニークなマテリアルを探すことはＰＲの定石である。この場合は、日本独特の学校校則や茶色い髪の毛の黒染め強要という、他国ではありえない事実や風潮がテーマ設定にピッタリはまった。

さて、次はこのテーマを、社会課題として自分にも関係がある、と感じてもらえる範囲を設定しなければならない。このキャンペーンでコアとなるのは地毛証明書と地毛が茶色い人だ。そして、その周りを同心円的に、髪型校則、自分が学生だった頃、と範囲を拡張していく作業を行ったそうだ。

ここで注目してほしいのが、「校則」ではなく「髪型校則」と範囲を限定したことだ。昨今、一般社会から見れば不合理な学校独自のルールを「ブラック校則」と呼び、社会問題として扱う気運が高まっている。しかしそれでは、ヘアケア商品であるパンテーンというブランドからは離れてしまう。事実、キャンペーンの範囲設定については、かなりディスカッションを重ねたという。

どこまでの範囲の人を巻き込むか、それはビジネスの目的に適うか。ナラティブにおいては、そのバランスの見極めが大切だ。最終的にステークホルダーの範囲は、理不尽な髪型校則をコアとして、今の女子高生、かつて女子高生だった人、社会問題に敏感な人、と雪だるま式に膨らませていった。

さらに重要なのが、キャンペーンのタグラインだ。「#この髪どうしてダメですか」に決まるまで、どういう問いかけなら機能するか、毎回チームで侃々諤々《かんかんがくがく》の議論をしたのだそうだ。テーマを表しつつ会話を促し、さらにエモーショナルなタグラインは何か。決め手となったポイントは、次の3つだ。

1　疑問形であること。それにより、みんなに質問を投げかけるカタチになる。
2　主人公の声を代弁できている。さらに、SNSなどでの投稿に使える。
3　具体的な敵をつくらない。主語を入れず、社会に向ける言葉として機能させる。

見事に狙いどおりとなり、ハッシュタグ「#この髪どうしてダメですか」はツイッターで累計18万ツイート超えを達成、今もなお投稿され続けている。

さて、ステークホルダーとブランドとのナラティブな関係を考える時、キャンペーンにおいてブランドはどういう立ち位置で登場すればいいだろうか。この問いに大倉氏は次のように答えた。「ブランドは常にきっかけを与える人」。もともと問題意識を持っている人に、きっかけを与える存在だ、ということだ。

このキャンペーンのユニークな点は、卒業生も含めた学生と先生の対話の場となっただけでなく、世間における髪型校則についてのアクションをパンテーンが回収する構造を作り出したこと。そして、髪型校則の問題を社会全体のアジェンダへと押し広げたことだ。それが冒頭で紹介した署名運動と、都立中学高校での黒染め指導の廃止宣言へとつながる。さらにテレビをはじめとして、さまざまなメディアでも大々的に取り上げられ、ドラマ『ブラック校則』（日本テレビ）の映画化も決定した。

そしてこのキャンペーンにより、やや古いイメージとなっていたパンテーンへの消費者のパーセプションが変わり、イメージも売り上げも上がったそうだ。テーマ設定、リレーション

図表 2-11　「# この髪どうしてダメですか」は社会を巻き込んでブランド理念を広めている

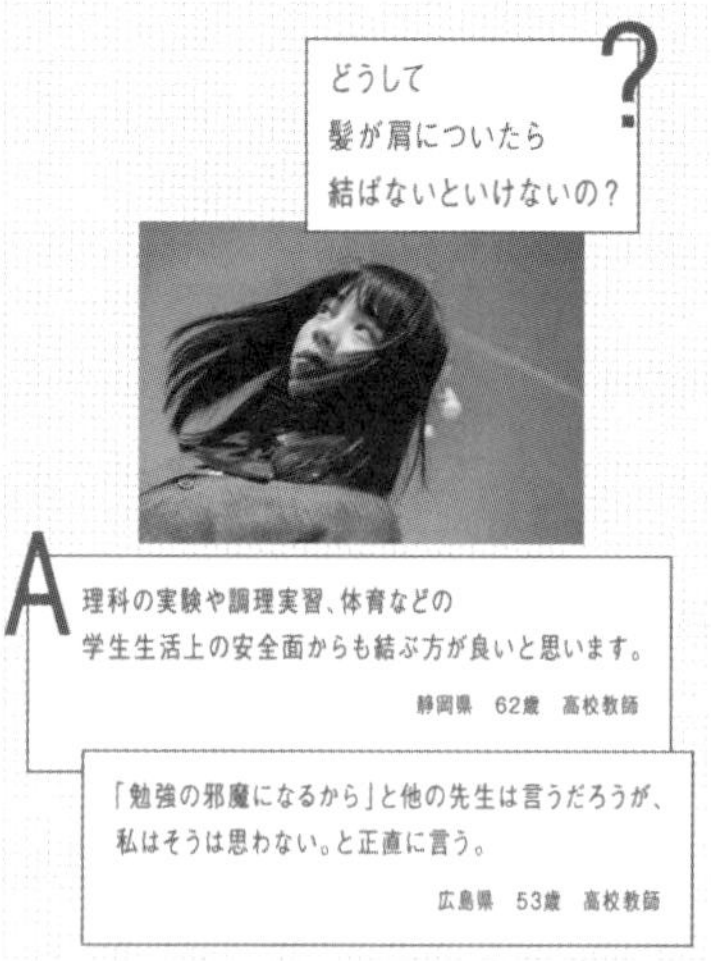

画像提供：P&G

すべき相手の範囲、キャンペーンのタグラインすべてがしっかりと噛み合った、素晴らしい取り組みだと言えるだろう。

パンテーンの「#この髪どうしてダメですか」では、この範囲設定についての議論が尽くされた。ナラティブの範囲をどこまでにするかで、社会的なインパクトや、ブランドマーケティングの成果が左右される。「地毛証明書」のナラティブはセンセーショナルではあるが、社会全体で言えば範囲が狭い。多くの女子高生にとって「ワタシに関係のあることだ」と自分ゴト化されなければ、マスブランドであるパンテーンにとって意味がない。

では、それを一気に、「ブラック校則全般」まで広げたらどうか。理不尽な校則に思いあたる高校生は非常に多く、社会的な報道も広がるだろう。しかし、あくまでパンテーンというブランドの「自分らしさ（オーセンティシティ）」は、「髪」なのだ。ブランドパーパス起点のナラティブである以上、「校則全般」では範囲を広げすぎということになる。

そこで、最終的にナラティブの範囲は「校則と髪」に帰着した。ナラティブの範囲設定は、**「物語的構造」に当事者として参画し、「物語を共創する人が誰なのか？」を決めること**にほかならない。

ナラティブにおける「余白」とは？

さて、次にもうひとつのポイントである「余白」に話を進めよう。ナラティブとストーリーの違いは、物語が「共創」されるかどうかであり、コロナ禍も経て世の中では「共体験」の価値が向上している。これはここまでで述べたことだ。そして、共創することが前提であるなら、ナラティブには、生活者やステークホルダーが**「参加できる余地」**があってしかるべきだ。

「コミュニケーションの余白とは、オーナーシップを受け手に託すということです」。クリエイティブディレクターの嶋浩一郎氏は言う。「コンテクストデザイナーの渡邉康太郎さんから聞いた話ですが、ある日、彼がある食材をテイクアウトしたら、パッケージに『シェフとして格好よくこれを盛り付けてください』と書いてあったそうです。例えばこれも、受け手がひとつの物語に参加している感じがあって、非常にナラティブだと思います」。

サントリーの「伊右衛門」と言えば、日本人なら誰もが知る緑茶飲料のロングセラーである。京都の老舗「福寿園」と共同開発された伊右衛門は、ＣＭなどを通じてそのこだわりやブランドストーリーを訴求してきた。その伊右衛門が、２０２０年４月にリニューアルされ非常に好調だという。

リニューアルした伊右衛門では、ラベルの内側にフクロウや七福神などのイラストを配した。さらに発売後のキャンペーンでは、「大吉」や「中吉」といったおみくじを印刷した。その結果、「おみくじ当たった！」などラベルはがしを楽しむＳＮＳ投稿が活性化される。

これまでの伊右衛門が、「ブランドストーリー」的なアプローチだったとすれば、リニューアル後のアプローチにはナラティブな要素が含まれている。「ブランドの物語」から「ユーザーの物語」へのシフトだ。ここにも、「受け手が参加できる」という、コミュニケーションの余白が存在している。

このように、「余白」の考え方は、ナラティブを描くにあたっては非常に大切な発想なのだ。ナラティブにおける余白は、２０２０年のコロナ禍のさなかに世の中の話題となった、「手間抜き論争」にも見てとれる。事例を見てみよう。

味の素冷凍食品の事例

「冷凍餃子は〝手間抜き〟です」

ことの発端は、２０２０年8月4日にツイッターに投稿されたある女性のつぶやきだった。疲れて辛かったため夕食に冷凍餃子を調理して出したところ、子どもは喜んだが、夫が「手抜きだよ。これは冷凍食品っていうの」と言った、という内容だ。

このツイートにはさまざまな同情の声が集まった。味の素冷凍食品株式会社（以下、味の素冷凍食品）の公式ツイッターアカウントもすぐに反応し、次のような投稿をした。「冷凍餃子を使うことは、手抜きではなく、〝手間抜き〟です」「冷凍食品を使うことで生まれた時間を、子どもに向き合うなど有意義なことに使ってほしい」。

餃子に限らず、日本ではいまだ冷凍食品にネガティブなパーセプションがある。美味しくいただける調理方法の研究が途上だったとき、あるいは、冷凍技術が今のように発達する前は、「冷凍もの」と言えば「手軽だがあまり美味しくない食品」というイメージだった。そして件のツイートを投稿した女性の夫の言う「手抜き」という言葉は、「家庭料理は妻が愛情込めて手作りするべきだ」という「手作り信仰」の延長線上にある。

冷凍餃子売り上げナンバーワンの味の素冷凍食品としても、冷凍食品の持つこのようなネガティブなパーセプションを変えることは、自社だけでなく業界全体としても課題であると認識していた。

そして公式ツイッターの〝中の人〟自身、二人の子を持つ母だった。会社や業界が抱える課題半分、自分ゴトとしての本音半分のツイートであったのではと想像する。

思いを込めた公式アカウントの投稿には44万いいね!がつき、「冷凍餃子」がツイッターのトレンドに入るほどの反響を呼んだ。こんなことは味の素冷凍食品としては初めての経験だ。これがきっかけとなって、キー局やネットメディアでも大きく報道され、いわゆる「冷凍食品は手抜き？　手間抜き？」論争が巻き起こった。

テレビ局などがこのネタに飛びついたのには、実は前振りがある。このツイートが話題になる前、やはりツイッターで「母親ならポテトサラダくらい作れ」とスーパーの惣菜コーナーで高齢男性が女性に絡んだ出来事が話題となり、テレビのワイドショーなどで取り上げられたからだ。テレビ局的にも、新たな「不寛容な社会」ネタだったという訳だ。

　味の素冷凍食品は、突然の取材集中に戸惑いながらも、これを冷凍食品のパーセプションチェンジを狙う施策のフェーズ1と捉え、まずはひとつひとつの取材に真摯に対応して投稿の意図を紹介していった。これにより「冷凍食品は手抜き？　手間抜き？」論争の話題化を加速させていく。「冷凍餃子は〝手間抜き〟です」ツイートのあと若干ネガティブな反応も出たが、おおむね好意的に受け止められ、取材対応を続けることで好意と賛同の声を増幅させていった。

　このような活動を地道に続けた結果、8月4日の発端のツイートから約1カ月で「手間抜きナラティブ」が広がっていき、その中の登場人物の一人としての「味の素冷凍食品の餃子」という状況を作り出すことができた。

　さて、ここで終わらせたら、ラッキーでバズった、あるいは炎上しそうなところをうまく切り抜けた、ということだけで終わりだ。しかしこれは見方を変えれば思いがけない好機と言える。うまく出来上がった「手間抜きナラティブ」を継続させ、冷凍食品のパーセプションを変え、餃子の売り上げアップにもつなげたい。それにSNSから始まった熱はすぐに冷めてしまう。ならばリソースを投入して、さらに仕掛けよう。やるならすぐ。こうして「手間抜きナラティブ」はフェーズ2へと進んだ。

　このナラティブは「手間抜き」という言葉が響いた。次にやるべきは手間の可視化だ。公式アカウントでは「家庭で食事を作る人に代わって、従業員が手間と愛情を込めて作っている」

とも発信している、ならば、これを可視化するのが、ナラティブを前に進める打ち手だろう。

それに一番効果がある方法は、工場でどれだけ手間をかけているかを、世の中に見せる「アンサー動画」を見せることだ。これを「手間抜き論争」のアンサーとして決着をつける。撮影は9月。新型コロナウイルス感染防止策を徹底し、撮影クルーも入念にシミュレーションした上で、撮影に臨んだ。

味の素冷凍食品の餃子はなんと、１４４もの工程を経て作られている。キャベツを手作業で刻み、具材をこねて、研究を重ねた薄い皮に餡を包み、皮の弾力を高めるために蒸しあげる――これらの工程のひとつひとつを、キャプションのみで多くを語らずナレーションすらない、でも、高クオリティでスピード感ある1分15秒の映像に仕上げた。尺が短いのは、ユーチューブ視聴を前提としているからだ。

タレントが工場を見学する案も出たが、この動画で重要なのは「従業員があなたに代わって手間と愛情を込めて作っている」ことを可視化すること。「手間抜きナラティブ」においては、味の素冷凍食品は登場人物の一人、物語の一部でしかないのだ。なので動画の最後にはこうキャプションが入る。「最後の仕上げは、あなたのフライパンで」。

こうしてアンサー動画は約1カ月というスピードで制作され、「おいしい冷凍餃子の作り方～大きな台所篇～」というタイトルで10月初に公開、公式なプレスリリースを出し、企業としての姿勢表明を行った。公式プレスリリースを出したのには理由がある。実はここに至るまで、企業として公式なアナウンスはしていなかったからだ。

図表 2-12　SNS も活用して「手間抜き」のナラティブを描いた

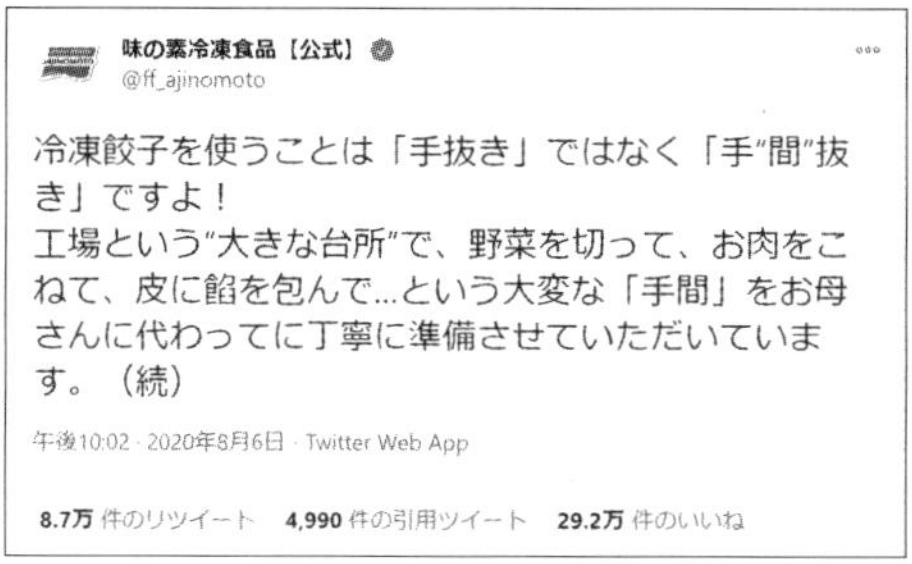

画像提供：味の素冷凍食品

リリースの内容は、8月からの一連の「冷凍食品は手抜き？　手間抜き？」論争に対しての企業としての驚き、反響への戸惑いとともに、料理をする人が「手作り信仰」に毒されている状況に対して疑問を呈することは社会的にも意義があると捉え、「手間抜き」動画を公開します、というものだ。

また、冷凍餃子の話題量アップを狙って冷凍餃子の喫食率が高いことを示すインフォグラフィックを、餃子専門家である塚田亮一氏と協力し製作したほか、スーパーなどの店頭でも、冷食利用を促進するようなPOPを製作するなど、プロモーションとの連動も行い、売り上げアップを図った。

動画の反響は大きく、1カ月弱で90万回再生を達成。〝古い男性的〟価値観を壊すものとして、ジェンダー論の専門家が味の素冷凍食品の発信を支持したほか、「手間抜きは合理的」だとして、勝間和代氏などの評論家もアクションを支持。有識者やインフルエンサー、メディアに好意的に受け入れられた。「手間抜き」は合理的な考えの人たちだけでなく、ジェンダー論の文脈においても好意的に受け止められたと捉えていいだろう。また、商品プロモーション動画は通常テレビなどのメディアに取り上げられることは少ないが、「冷凍食品は手抜き？　手間抜き？」論争があったからこそ、アンサー動画をワイドショーなどで取り上げてもらうこともできた。

ステークホルダーという考えでいくと、味の素冷凍食品の従業員、とりわけ工場で働く人のモチベーションが上がった。さらに営業担当の間でもこれを売り上げに結び付けようとする気運が高まったという。

ナラティブを描き出すという視点で見れば、味の素冷凍食品にはパーパスに近い考え方――冷凍食品をうまく利用していただいて、有意義な時間に使ってください――があった。そこに共感が生まれ、ストーリーとしてうまく展開しメディアや有識者、SNSなどがそれに巻き込まれたのだ。

味の素冷凍食品の動画は、次のようなメッセージで締めくくられる――「最後の仕上げは、あなたのフライパンで」。「手抜きではなくて手間抜き」というナラティブは、同社と生活者が共につくりあげたものだ。論争へのアンサーソングとして制作されたこの動画の最後で、味の素冷凍食品は再びバトンを生活者に渡している。「コミュニケーションの余白」が、意図的に設けられているわけだ。

このメッセージには、SNSでも「この言葉を見て、味の素さんと一緒に料理して作った餃子なんだなぁと思うと嬉しかったです」「沢山の手間を食品工場が代わりにやってくれて、最後のひと手間として、フライパンで焼いてくださいね、ということですね」といった好意的な反応が相次いだ。まさに、同じ物語に参加しているという「共体験」の構造がそこにある。

ナラティブスクリプトを作成する

さあ、ここからは、より具体的なナラティブの描き方——ナラティブスクリプトをつくる話に入っていこう。「ナラティブスクリプト」とは文字どおり、ナラティブの「脚本」だ。「物語的な構造」であるナラティブは、可視化するのが難しい。例えば、ブランドストーリーを伝えるには「動画」は有効な手段かもしれないが、ナラティブを動画化するのは難しい。ナラティブは「動画」などの表現手段に限定されるものではないし、世の中において現在進行形で進むナラティブを、そもそも説明することに意味はないからだ。

しかし一方で、意図的にナラティブを生み出し、維持していくなら、**何らかの道しるべや設計図も必要になる。**その役割を果たすのがナラティブスクリプトなのである。その企業やブランドにとって理想的なナラティブを文章で表現する。はるか昔、あらゆる物語が、「文字」という表現方法によって広まったように、ナラティブは文章で書かれるのがもっともシンプルかつ有効だ。

ここで重要なのは、**ナラティブスクリプト自体がどこかに掲出されたり、人の目に触れるものではないということ。**あくまで、「我々がつくりたいのはこういう物語構造だ」「この物語構造の中で、商品企画や広告やＰＲなどの施策を展開していこう」という、像合わせと合意形成が目的だ。言ってみれば「内部資料」にすぎない。

内部資料なので、そこに演出や表現の工夫はいらない。Ａ４用紙１枚——およそ１０００文字から１５００文字ほど——に収まるくらいでなければ、ナラティブスクリプトとは呼べない。例

図表 2-13　ワールドのナラティブスクリプト

246st. MARKET
――日本初の「ポップアップ型百貨店」がオープン

日本のファッション業界は今、大きな転換期にあります。その根底にあるのは、「ファッションにおける流行のつくられかた」の変化です。大手メーカーブランド主導の大量生産・大量消費が前提のビジネスモデルは、消費者嗜好の多様化へと対応を迫られています。洋服は必ずしもリアルショップで買うものではなくなり、ファッションスナップが雑誌ではなくタイムラインで見られる時代。そんな今、存在感を増しているのが、実店舗を持たない「D2Cブランド」です。ユーザーへの直接的な接点を持つことで、これまで埋もれてきた多くの「若き才能」にもチャンスが巡ってきました。

そのような中、注目を集めるひとつのキーワードがあります。それは「ポップアップ」。NYのSOHOエリアでは、グーグルやアマゾンもポップアップストアを展開。特に、2016年にチャイナタウンにオープンした「Canal Street Market（キャナル・ストリート・マーケット）」は、地元NYのデザイナーや職人の小さなブースが集まる「ポップアップ型の次世代百貨店」として大きな話題になっています。世界のファッション業界でも、新しいマーケットの形として注目されています。

そして今回、この「ポップアップ百貨店」が日本で初めての試みとして期間限定オープンします。その名は「246st. MARKET」。アパレル大手のワールドと、話題のD2Cブランドが手を組みました。参画するD2Cブランドは、「インターネット時代のワークウェア」を掲げる「オールユアーズ」などおよそ10ブランド。いっぽうのワールドは、大量生産時代を代表する大企業ですが、現在は「ワールド・ファッション・エコシステム（WFES）」と呼ばれる新しいビジネスモデルを構築中。これまで培ったノウハウやシステムを開放し、若い才能やD2Cブランドも支援。ファッション業界全体の活性化を目指します。

かつて、ファッションのメッカ表参道には、「原宿セントラルアパート」と呼ばれる住宅・商業施設がありました。そこは若いデザイナーがお客さんと直接対話して商売する場所で、1960年代から70年代の若者文化を象徴する存在でした。それから半世紀。「246st. MARKET」は、いわば生まれ変わった「原宿セントラルアパート」です。ここから、新しいファッションカルチャーが始まります。

えば、ＳＴＥＰ２で紹介したワールドの事例のナラティブスクリプトは、図表２－13のような感じだ。

　ここ最近の僕自身の仕事では、ほぼ例外なく、何度も議論をしながらナラティブスクリプトをまず完成させる。広告やＰＲの施策企画やメディアプランニングは、すべてその後だ。本書で何度も強調しているように、あらゆる実行はナラティブがベースであり、またその実行によってナラティブが維持継続されるからだ。ここでひとつ、ナラティブスクリプト作成の事例を紹介しよう。

ＷＨＩＬＬの事例

車椅子↓社会的活動を守る新ライフスタイルの提案へ

　ＷＨＩＬＬ（ウィル）株式会社は、パーソナルモビリティ製品の開発、生産、販売や、近距離移動サービスの提供を行う２０１２年設立のまだ若い会社。パーソナルモビリティとは、一人乗りの乗り物のことだ。同社がパーソナルモビリティの開発を始めたきっかけは、ある一人の車椅子ユーザーの一言だった。

「１００メートル先のコンビニに行くのをあきらめる」。

　悪路や段差などの物理的なハードル。「車椅子に座っている人」と周囲から見られる心理的なバリア。それらがない交ぜとなった重い言葉だった。

図表2-14 「車椅子」→「パーソナルモビリティ」へとパーセプションを変えようとしている

画像提供：WHILL

デザインとテクノロジーの力でそれは乗り越えられるはずだ――最初は福祉用具としてつくられたけれど、やがてファッションアイテムになった眼鏡のように、車椅子を誰もが乗りたくなるような革新的なパーソナルモビリティとして再定義しよう（図表２－14）。ミッションは「すべての人の移動を楽しくスマートにする」。こうして、近距離モビリティという新しい移動手段の開発が始まった。

初号機「WHILL Model A」を発表したのは２０１４年。その年には国際的なプロダクトデザイン賞であるレッド・ドット・デザイン賞、翌２０１５年には国内でグッドデザイン賞を受賞したことをきっかけに、国内外でも注目を集め、テレビで紹介されるなど認知はされ始めた。

しかし、パーセプションの壁が立ちはだかる。ＷＨＩＬＬはどうしても「車椅子」と認識されてしまうのだ。それは仕方のないことで、ぱっと見はどう見ても車椅子。しかし本当の壁は、車椅子と聞いて一般の人が想起するイメージだ。車椅子には、障がいを持っている人が乗っている、あるいは、病気が原因だったり足腰が弱ったりして歩けなくなった高齢者が乗るもの、というイメージ。しかしＷＨＩＬＬが謳っているのは、革新的な新しい移動手段としてのパーソナルモビリティ。そのギャップをどうしても埋めたい。

まずは車椅子のイメージ調査をした。すると車椅子を最も意識するのが60代だということがわかった。少し足腰が弱ってきた、けれども元気で散歩にも行ける、まだ車椅子なんかいらないと思っている。そしてまだまだ人の手を借りずに人生を楽しみたい世代だ。彼らの40代の子世代も、両親にはまだアクティブで生き生きしていてほしいと思っている。

ＷＨＩＬＬのユーザーにも調査すると、歩行時に少しだけ杖を使うが、趣味が多くて友だちも多いということがわかった。ＷＨＩＬＬであれば、車椅子のように人に押されることなく、自分の意思で動き回れる。こういうパーセプションを獲得したい。そして歩行とＷＨＩＬＬの共存が訴求ポイントだということがわかった。

次は、この世代を取り巻く健康上のリスクを調べた。例えば認知症。ＷＨＯ（世界保健機関）が２０１９年に発表した、認知機能の低下のリスク低減に向けた初めてのガイドラインでも、知的活動、社会活動が必要だと説く。つまり、人間はいくつになっても動かないとダメなのだ、という認識は世界共通なのだ。

そして「フレイル」。日本老年医学会が２０１４年に提唱した概念で、「Frailty（虚弱）」のことだ。近年、要介護の一歩手前の状態を指す言葉としてよく用いられている。年をとると心身の活力が低下し、身体機能、社会性、メンタルが虚弱になるが、適切な治療や予防をすれば、要介護状態に進まずにすむ可能性もある状態のことだ。高齢化社会日本ではキーワードとなる。

なお、厚生労働省では「生活不活発病」の注意も喚起している。これは、動かない（生活が不活発な状態）が続くことにより心身の機能が低下して、「動けなくなる」ことを指す。災害時の避難所暮らしにおける注意として一般に知られるようになり、とくに高齢者や持病のある人がなりやすい。しかしコロナ禍を過ごしている私たち誰もが関係のある病気だと認識するべきだろう。

これらをまとめると、社会とのつながりが減ると、生活範囲が狭まり、メンタルが弱くなり、フレイルになっていく……その悪循環を断ち切ることで、認知症リスクを低減できる。しかし、そのための対策をどんなに調べても、とにかく運動しなさい、社会参加しなさいというアドバイスばかりで、もう一歩踏み込んだ具体的な対策は見つからなかった。

では、そこにＷＨＩＬＬが介在するナラティブをつくって世の中に出していくことで、多少時間はかかるが、ＷＨＩＬＬへの見方（＝パーセプション）を変えていけるのではないだろうか？

パーセプションの変容へ至るストーリーは、社会的な生活不活発対策を「世の中ごと」にするファクトをつくることによって、ＷＨＩＬＬの利用は、「加齢によるエイジングイベント

（老眼鏡や車椅子）ではない」というメッセージを出し、「自分の意思で動き回れる」というベネフィットに到達させること。ベネフィットを提示しなければ、本人にも子世代にも興味を持ってもらえず、WHILLの意義も伝わらない。

こうしたプロセスを経て、ナラティブスクリプトを作成していく。描くナラティブのタイトルを設定しよう。タイトルには別の事例で紹介した「手間抜き」「この髪どうしてダメですか」のようなキーワードが必要だ。しかも、ブランド名や商品名はナラティブには相応しくない。そこでWHILLは、「社会的活動範囲」という言葉を〝作って〟キーワードにした。

「社会的活動範囲」という言葉の定義は、距離×時間×情報×発見、とした。これには人と会って話す、情報を得る、発見する、という知的活動も含まれる。物理的活動範囲に加えてコミュニケーション活動もあると定義し、それが生活不活発病や認知症のリスクを低減しますよ、というナラティブだ。

物語の演出のポイントは、ナラティブ的に脅しすぎてはいけないこと。恐怖心を煽るのではなく、対象のインサイトをくすぐる内容にするべきである。WHILLの場合、ターゲットであるアクティブシニアのインサイトは、楽しめる、楽しみたい、だ。漫画家の弘兼憲史氏が『人生は70歳からが一番面白い』（SBクリエイティブ）という本を出しているが、これこそ同世代が引き寄せられるインサイトだ。まだカッコよくいたいし、元気でいたい。このトーンが必要なのだ。

なお、WHILLのナラティブを描く途中で世界はコロナ禍に見舞われた。新型コロナの影響

図表 2-15　フレイル予防のための「ソーシャル・エイジ向上アイデア」を公開

画像提供：WHILL

図表 2-16　WHILL のナラティブスクリプト

WHILL ──「社会的活動範囲」を守る新ライフスタイル

世界が注目する長寿国である日本。現在、「健康寿命」を延ばすために重要なのは、フレイル（虚弱）を予防することだと言われている。フレイルとは「加齢とともに心身の活力が低下し、生活機能が障害され、心身の脆弱性が出現した状態」。では、フレイルはなぜ引き起こされるのか。それはひとえに「動かないこと」に尽きる。いわゆる生活不活発病だ。することがないから、動かない。動かないから人との関わりも減り、体や頭の動きが低下する。「動かない人は病む」のだ。ではとにかく外に出ようというわけだが、実はここに明確なガイドラインはない。また、老いた親がむやみに出歩くのを心配する子供世代も少なくない。

ここで注目される新たな発想が、「社会的活動範囲」と呼ばれるものだ。「社会的活動範囲は、『距離×時間×情報×発見』の総量で規定されます。国交省によれば、『無理なく休まずに歩ける距離』は65歳以上で500mまでが26%。可能な範囲を歩いていても好奇心を満たすような発見は不十分かもしれず、刺激不足は認知症にもつながります。フレイルを防ぐ本質は、いかに自身の『社会的活動範囲』を維持できるかなんです」と専門家は言う。ここで期待がかかるのが、歩行と最近話題の「電動車イス」を組み合わせた外出ライフだ。安全に散歩できる場所までの移動のための併用使用や、歩きで行けなかった先にある場所でのコミュニケーションなど可能性は広がる。なかでも、優れたデザイン性と機能で知られる「WHILL」の人気が高まりつつある。

「“すべての人の移動を楽しくスマートにする”がWHILLのミッションです。歩行とWHILLの組み合わせは、無限の可能性を持っています。知らない人と会ったり、美味しいものと出会う探求心や好奇心。お孫さんと同じペースで旅行もできる。これまで車イスは『依存のシンボル』と見られがちでした。WHILLはお客様の『社会的活動範囲』の維持に貢献できると信じています」。WHILLの担当者は力を込める。「最近、歩くのはしんどいけど、周りに気も遣わずWHILLで人生謳歌しているよ」「外出機会が減る心配と、遠出は危ないのではという心配のジレンマが解消されましたね」とユーザーやその子供世代の評価も高い。新型コロナウイルスの感染拡大では、人々は社会的活動自粛を余儀なくされ、「ソーシャルディスタンシング」は世界的に浸透。世界中で「社会的活動範囲」への関心は高まっている。世界でもっとも早く超高齢化社会を迎える日本。老いても社会的活動範囲をキープする新しいライフスタイルは、世界の注目を集め、当たり前のものとなっていくだろう。「人生は70歳からが一番面白いよ」。国民的作品で知られる漫画家は断言する。「脳トレしてるだけじゃダメ。行動レベルまでいかないと。結局、“人生楽しんだもの勝ち”なんですからね」

で外出や社会との関わりが減っているシニアをサポートするためにＷＨＩＬＬは、フレイルを予防するヒントをまとめた「ソーシャル・エイジ向上アイデア」も公開している（図表2－15）。

社会的活動範囲は老齢の両親の話だけでなく、実は現役世代にも関係ある話にすることができる。ナラティブは社会状況に合わせる必要があるが、これはその好例と言える。

ここで、実際のナラティブスクリプトをお見せしよう（図表2－16）。タイトルは、「ＷＨＩＬＬ『社会的活動範囲』を守る新ライフスタイル」だ。こうして策定したスクリプトをベースに、施策が決定され、実行されていくことになる。

ナラティブスクリプト・ワークシート

さて、ここで読者の皆さんに、実際のナラティブスクリプト作成で使用されるワークシートを共有しよう。前述したように、**ナラティブスクリプトは文字数にして１０００文字から１５００文字。**Ａ４用紙１枚に収まる程度だから、文章を書くことに慣れている人なら、２時間もあれば書けそうにも思える。しかし実際には、そうそう簡単なものではない。「さあ、ナラティブを書くぞ！」といざ白紙に向かっても、何をどこからどうやって書き出すべきか、とっかかりが掴めない。「ブランドストーリー」なら、ひとまず自分たちのことを語り出せばよいが、再三リマインドしているように、ナラティブは一方的な企業ストーリーではないのだ。

図表2-17　ナラティブスクリプトのワークシート

ブランド	
ブランドパーパス	

ナラティブタイトル：XXXXXXXXXXX

1）社会的な大局観と課題提示	
2）自社のオーセンティシティないしブランドの優位点	
3）未来のステークホルダー体験	

実行のアイデア	

そこで、このワークシートだ（図表2－17）。スクリプトには、どのような構成要素がどんな順序で必要か、おおまかな指針が示されている。僕たちがクライアント企業のために策定するナラティブスクリプトも、ほぼこの構成に沿っている。では、ひとつひとつの構成要素を説明しよう。

ブランドパーパスとナラティブタイトル

まずは、対象となるブランドを記入しよう。目的や課題によって、ここには企業ブランドが入ることもあれば、商品やサービスブランドが入ることもある。あるいは、企業とプロダクトの双方を意味するブランドもあり得るだろう。

そして、ナラティブの起点となる、「ブランドパーパス」を明記する。必ずしも「パーパス」として定義されていなくともよい。企業によっては、「ビジョン」や「ミッション」という言葉で表現されているかもしれない。要は、創業者や企業の「思い」や「存在意義」を言語化したものだ。

そして、「ナラティブタイトル」。これについては、なかなか最初に決定できないかもしれない。僕の経験上でも、スクリプトの中身があらかた決まった後で、タイトルを決定する場合が多い。小説や映画も、仮タイトルで進行して最後に正式タイトルを決めることがほとんどだが、それに似ているかもしれない。

ＷＨＩＬＬの事例で言えば、ブランドは「ＷＨＩＬＬ」であり、ブランドパーパスは「すべての人の移動を楽しくスマートにする」。ナラティブタイトルは「『社会的活動範囲』を守る新ライフスタイル」だ。

社会的な大局観と課題提示

ナラティブスクリプトの構成は、基本的に3つのパートに分かれる。その導入では、世の中を大きく捉えた事象や文脈が欠かせない。ナラティブの舞台は社会であるべきだからだ。決して、**競合環境や開発背景など、自社都合の話から始めない**ことだ（それは、コーポレートストーリーやブランドストーリーの域を出ない）。社会ではどのようなことが起きていて、そこにどんな課題があるのか――この提示が重要になる。

また、「課題」というと、「何か大きな問題や困難な状況」を想起しがちだが、必ずしもそうではない。「そこに大きなチャンスがある」といった前向きな課題でもよい。むしろ重要なのは、その課題の視点の新しさや斬新さだ。「地球環境は危機にさらされています」といったレベルでは、解像度が低すぎてナラティブの前提になりにくい（しかし、ニッチすぎても大局観は出しにくい）。物語の「範囲設定」にもつながるこのパートは、ナラティブにとって非常に重要である。

ＷＨＩＬＬの事例では、「生活不活発病」「フレイル」といった、長寿国日本で顕在化している社会課題から入りつつ、「そこに実は明確なガイドラインがない」と、もう一歩深い課題に踏み込んでいる。そして、「社会的活動範囲」という新たな概念を提示することで、解決策の示唆へとつなげている。

自社のオーセンティシティないしブランドの優位点

このパートで初めて、「登場人物の一人」である企業ブランドの登場になる。ここでのポイントは、「1」で語った社会課題に対して、「なぜその企業（ブランド）は関与できるのか？」ということに尽きる。何の根拠もなく、「とにかく俺たちは関与したいのだ！」「困っている人たちの助けになりたいのです！」ではいけない。**企業がやりたいかどうかは問題ではなく、「客観性」が大事な**のだ。

具体的には、企業としてのオーセンティシティ（例えば、「我が社はこの領域で30年事業を継続している」）や、ブランドとしての優位点（マーケティング用語で言うところの「ＰＯＤ＝Point of Difference」と理解してもらえればよいだろう）の提示だ。そして言わずもがな、先に明記したブランドパーパスとの「整合性」をチェックしよう。

ＷＨＩＬＬの事例では、「依存のシンボル」と見られがちな車イスにはない、商品設計思想と実装――その操作性やデザインがそれにあたる。また、「歩行との組み合わせ」により、より探求心と好奇心を満たせるという提案も重ねている。そして、「社会的活動範囲」の維持へ貢献できるという文脈は、「すべての人の移動を楽しくスマートにする」というパーパスとしっかり整合している。

未来のステークホルダー体験

最後のパートでは、「未来」について語ろう。現在進行形で終わりがないのがナラティブだ。概念としてはそうなのだが、それをスクリプトとして書き出すと、つい何らかの「オチ」――起承転結の「結」に相当するもの――で締めたくなる。しかし、スクリプト上で必要なのはオチでもハッピーエンドでもない。「未来のステークホルダー体験」である。

もちろん、未来のことだから妄想で構わないが、ポイントはできるだけ「具体的に」描くことだ。「革新的な世界へ貢献する」「より良い社会が実現している」などの、抽象的な美辞麗句では意味がない。顧客や社会の認識はどう変わって、どんな体験が生み出されているのか。スクリプトでは、**ステークホルダーの発言（もちろん妄想だ）レベルまで落として組み込む**ことをお勧めする。

ＷＨＩＬＬの事例では、「最近、歩くのはしんどいけど、周りに気も遣わず人生を謳歌しているよ」「外出機会が減る心配と、遠出は危ないのではという心配のジレンマが解消されましたね」という記述が、（理想的な）未来の顧客体験を表している。また、「ソーシャルディスタンシング浸透による社会的活動範囲への関心の高まり」という具体的な社会認識変化の記述もそれにあたる。

いかがだろうか。こうやって、それぞれの構成要素を検討しながら、ナラティブスクリプトは作成される。すでに読者もお気づきのように、1500文字を書くのが大変なのではなく、構成要素を詰めるまでに時間を要するのだ。逆に言えば、構成要素と文脈さえあらかた見えてしまえば、スクリプトそれ自体は2、3時間もあれば完成するだろう。

こうして出来上がったスクリプトをベースに、具体的な実行案の策定へと移っていく。このフォーマットは、実際に僕たちが企業研修などで使用するもので、最後に「実行のアイデア」のボックスが設けられている。ワークショップでは、詳細には至らなくとも、作成したスクリプトをベースに、「それを具現化するには何をすればいいか?」までアイデア出しをすることが多い。スクリプトだけでは机上の空論に終わってしまうからだ。

重要なことは、ナラティブスクリプトを固めてから、施策を検討すべきということ。「こんなイベントをやろう」「あの媒体に出稿しよう」「こういう商品を企画しよう」という、「HOWの議論」から始めてはいけない。すべては、**ナラティブ構造を構成するための施策**である必要がある。まずもって、「ナラティブを描く＝ナラティブスクリプトづくり」が重要な理由がそこにある。

ナラティブスクリプトの作成：実践の3つのポイント

では、STEP3のまとめに入ろう。以下が、ナラティブスクリプトの作成、すなわちナラティブを「描く」ポイントだ。

図表2-18　ナラティブスクリプトの作成：実践の3つのポイント

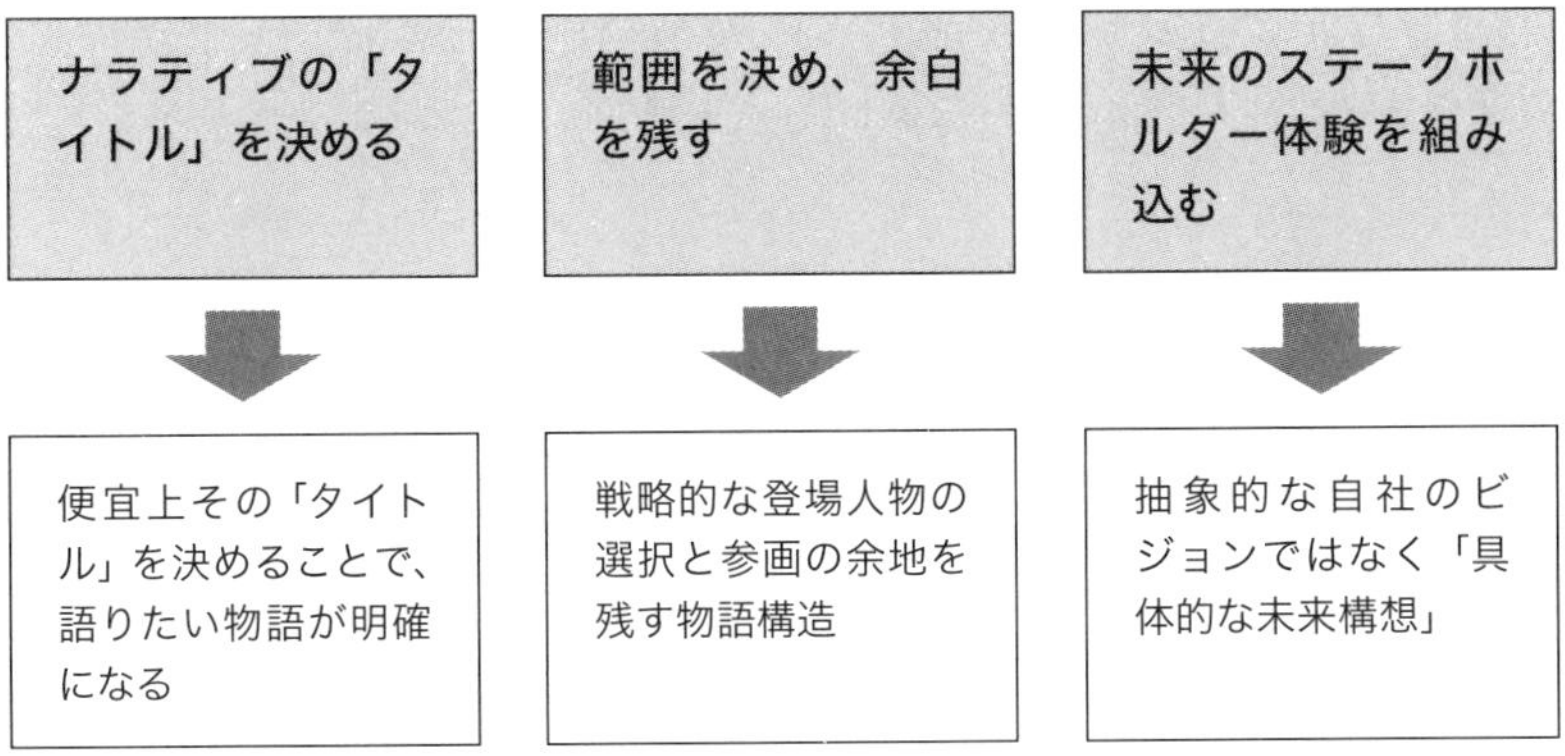

1　ナラティブの「タイトル」を決める
2　範囲を決め、余白を残す
3　未来のステークホルダー体験を組み込む

ひとつずつ解説していこう。

1　ナラティブの「タイトル」を決める

描きたいナラティブは、つまり「何の物語」なのか——これを決めることがまず大事だ。前述したように、描かれたナラティブは指針にするものであって、その文章をどこかに掲出する性質のものではない。しかし、便宜上その「タイトル」を決めることで、語りたい物語が明確になる。パンテーンは「髪型校則」のナラティブ。味の素冷凍食品は「手間抜き」のナラティブだし、WHILLは「社会的活動範囲」のナラティブである。

プロローグに登場したアップルのナラティブは「Computers for the rest of us（残された我々のためのコンピューター）」だ。タイトルに企業名やブランド名が入ってしまったら、それはナラティブではなく、「広告タグライン」の域を出ていないかもしれない。

2　範囲を決め、余白を残す

実際にナラティブを描く上で、大きな判断要素となるのが「範囲」と「余白」だ。範囲は、物語構造に入るグループやセグメントを規定することにつながり、ナラティブに関与する登場人物を決定する。この判断は極めて重要で戦略的になされるべきだが、自社のステークホルダー構造、成果イメージが決定根拠になるだろう。同時に「余白」の考え方も重要だ。ナラティブがあくまでも「共創」の物語構造である限り、あまりにガチガチにかためられた一方的な展開では参画の余地がなくなってしまう。範囲もさることながら、余白もまた戦略的に残されるべきものである。

3　未来のステークホルダー体験を組み込む

ナラティブとストーリーの違いのひとつが「時間軸」。ストーリーには必ず、「始まり」があり、「終わり」がある。それに対し、ナラティブは常に現在進行形であり、未来をも包含する。よって、ナラティブスクリプトには、未来に起こることへの想像力や構想力が求められる。共創される物語構造の中で、顧客は、従業員は、取引先は、メディアは、どのような体験をすることになるのか。ナラティブスクリプトには、その要素が必ず含まれなければならない。重要なことは、構想すべきは「具体的なステークホルダーの体験」であって、「抽象的な自社のビジョン」ではないということだ。

STEP 4

マルチエンゲージの展開：ナラティブを「共創」する

ナラティブ実行のカギは「マルチ化」

ナラティブスクリプトで物語構造が描けたら、あとは実行あるのみだ。STEP4では、ナラティブを具現化する方法論について、事例を通じて解説していこう。

その前に、ひとつ重要なリマインドがある。ナラティブは「共創」するもの。つまり、**あなたの企業やブランドだけが孤軍奮闘しても、ナラティブはその姿を世の中に現さない。**消費者やステークホルダーを物語に巻き込み、共に紡いでいくのがナラティブだ。この共創を実現するためのキーワードが、「マルチ化」だ。

より具体的には、次の3つの観点においてのマルチ化が必要になる。

1　ターゲットのマルチ化

2　メッセージのマルチ化

3　タッチポイントのマルチ化

「ターゲットのマルチ化」は、多様性と格差が広がる現代社会や、ＰＡＲＴ２で話した、コロナで加速する「分断された共体験」に起因する。もはや、わかりやすい属性ターゲットだけでマーケティングがうまくいく時代でもない。異なる価値観のターゲットをどう巻き込むかという観点は、ナラティブ実践において無視できない。

「メッセージのマルチ化」は、ターゲットが複数になればメッセージも複数になる、ということに加えて、時系列的な意味合いも持つ。現代は「ＶＵＣＡ（Volatility：変動性・不安定さ、Uncertainty：不確実性・不確定さ、Complexity：複雑性、Ambiguity：曖昧性・不明確さ）」と呼ばれる先の読めない時代だ。発信するメッセージは固定化されるべきではなく、状況に合わせて変えていく必要がある。ナラティブが現在進行形の物語構造である限り、これも重要な観点だ。

そして「タッチポイントのマルチ化」。これまでも、いわゆる統合キャンペーンや顧客体験における「マルチタッチポイント」の重要性は主張されてきた。しかし、まったく違う次元において、企業はタッチポイントのマルチ化に迫られるだろう。ＰＡＲＴ１で指摘した、「ソーシャルディスタンス＝社会的距離の見極め」だ。好むと好まざるとに関係なく、リアルとバーチャル（リモート）、オフラインとオンラインでどうタッチポイントを最適化するかは大きな命題である。

図表 2-19　３つのマルチ化

「ターゲットのマルチ化」
異なる価値観のターゲットをどう巻き込むか

「メッセージのマルチ化」
メッセージを固定化せず状況に合わせて変えていく

「タッチポイントのマルチ化」
リアルとバーチャル、オフラインとオンラインでどうタッチポイントを最適化するか

以上の観点で、ナラティブを共創するためには、３つの観点における「マルチ化」、「マルチエンゲージ」が欠かせない。「ワンターゲット×ワンメッセージ×ワンショット」ではナラティブは具現化しないのだ（図表２－19）。

マルチ化する取り組み

さて、こうした視点で最近の世の中を見てみると、「マルチエンゲージ」は、話題喚起やマーケティングの成功例に共通した要素でもあるようだ。爆発的ヒットが記憶に新しい、映画『ボヘミアン・ラプソディ』。コロナ禍前なので、いささか時間が経ったようにも感じるが、興行収入１３０億円を超えて２０１８年公開映画の国内トップだった。このヒットの背景にも、40～60代のコアファン層と20～30代のライトファン層というマルチターゲット戦略があった。

クイーンのコアファン層は推定２００万人と算出されたことから、往年の音楽推しで彼らにしっかり訴求しつつ、若者を中心としたライト層――フレディ・マーキュリーやクイーンをよく知らない層――には、「#ボヘミアン胸アツ」というハッシュタグも巧み

に使って「感動できる物語」として訴求。その積み上げが、実に９４１万人という動員につながった。

同じような図式は、大成功で終わった２０１９年のラグビーワールドカップにも見出せる。観客動員数は延べ１７０万４０００人、視聴者数は８７３１万人（ビデオリサーチ推計）に至った成功の背景にも、『ボヘミアン・ラプソディ』と同じように、コアファンと非コアファン――いわゆる「にわかファン」と呼ばれた層――へのエンゲージがある。

組織委員会の『大会成果分析レポート』によれば、コアファンとにわかファンの比率はおよそ25％と75％。にわかファンの主な関心動機は「応援というエンターテインメント」だったと分析されている。ＳＮＳも駆使した「にわかファン」の巻き込みは、大規模動員に大きく貢献した。

新型コロナウイルスが拡大し、誰もがステイホームを強いられていた２０２０年5月。ＳＮＳを中心に話題になったのが、ＫＩＮＣＨＯ（大日本除虫菊）の「もうどう広告したらいいのかわからないので。」というキャッチコピーが躍る新聞広告だ。社会がシリアスな空気感の中、ユーモアもありつつ、先が見えない生活者の不安感も汲み取った広告だと評価された。この広告のコアアイデアこそ、「マルチメッセージ」だ。

広告はこう続く。「日々状況が変わる毎日です。だれも、先のことはなにも想像できない２０２０。この広告の掲載日に、世の中の空気はどうなっているのか、人々の気分はどんな調子なんだろうかと考えあぐねて、いろんなバリエーションを用意しました」。コロナの行く末を6つのタイプに分け、それぞれのＱＲコードをスマホで読み取ると、状況に応じた広告が出現するという仕掛け

図表 2-20　KINCHO の新聞広告

画像提供：KINCHO

だ（図表２－20）。

本書のＰＡＲＴ１でも紹介した、コロナ禍の中で制作されたサンリオピューロランドの動画「休んでたって、ここにいるよ」は、「マルチタッチポイント」への大きな示唆がある。ピューロランドのような屋内型のテーマパークにとって、当然ながら最大のタッチポイントはリアルな施設そのものだ。広告やＳＮＳでの発信はあっても、リアルな顧客体験に勝るものはない。しかし、この動画は、「会えない」状況を逆手にとって大きなエンゲージメントを獲得した。お客さんがいない館内の照明をＬＥＤに交換したり、カフェの新しいメニュー開発に励むスタッフ。ハローキティをはじめとしたサンリオキャラクターたちが掃除をしたり、ダンスの練習をしている様子――これは同テーマパークのファンのみならず広いエンゲージメントを獲得した。

「無観客」であることを逆手にとったのは、ピューロランドだけではない。２０２０年６月に開催され、配信チケット購入者数18万人、推定視聴者数50万人以上という大成功を収めたサザンオールスターズの無観客ライブしかり、これまでには発想すらしなかったマルチなタッチポイントの可能性が見え隠れしている。

「共体験」を軸にした展開

さて、ここでちょっと、ＰＡＲＴ１のおさらいをしてみよう。共体験とは、ある集団内、あるグループ内で同じ体験価値を共有すること。さらに言えば、共体験の本質は、共有されている体験の

「価値」――何を大事に感じて、みんなは集まっているのか――にある。集団内での、ある種の価値やアイデンティティが、深くて持続的な結びつきにつながるのだ。この**「体験価値」を明確にせず、やたらマルチにエンゲージしても意味はない。**

企業は世の中にある共体験を見つけ、それ自体をデザインしていくことが必要になる。企業やブランドが一方通行でエラそうにしているのではなく、自らも共体験者の一人になって、「共体験の輪」に入っていかなければならない。そこに真のナラティブは生まれるのだ。

事例を紹介しよう。「ＬＯＶＥ」という明確な体験価値のもと、そこからブレることなくマルチエンゲージを続けて成功した米ＳＵＢＡＲＵだ。

米ＳＵＢＡＲＵの事例

ＬＯＶＥキャンペーン

自動車メーカー、株式会社ＳＵＢＡＲＵの米国部門ＳＵＢＡＲＵ ＯＦ ＡＭＥＲＩＣＡ（以下、米ＳＵＢＡＲＵ）は、１９６８年創業。約半世紀の歴史を持つ会社だ。ＰＲ施策「ＬＯＶＥキャンペーン」が始まった２００８年の年間販売台数は18万８０００台だったが、11年連続で販売台数の記録を更新し、２０１９年には70万１１１７台、米国でのマーケットシェア４・１％と大きな躍進を遂げた。

しかし実はそれ以前の40年近く、マーケットシェアはわずか１％程度で低迷していた。製品や宣伝方法にこれといった問題があったわけでもなかった。試しに販売価格を下げてみても結果は同じ。唯一明るい要素は、ＳＵＢＡＲＵ車のオーナーは非常にロイヤリティが高いということだけだ。

米ＳＵＢＡＲＵのマーケティング担当アラン・ベスキー氏はいう。「２００７年当時も私たちはまだ苦戦していましたが、新しいアイデアを積極的に検討するという取り組みがなされていました。私たちはその機会を利用して何かを変えるだけでなく、なぜ私たちが40年間成功しなかったのかを調べることにしました」。

彼らが最初に検討したのが、広告代理店を切り替えること。新しい代理店に変更してから、消費者調査を実施した。なぜ米国のほとんどの人がＳＵＢＡＲＵを選択しないのか、それ以前になぜ車やブランド名を尋ねられた際にＳＵＢＡＲＵの名前が出てこないのか、それらの理由を知るためだ。社内では、車のサイズ、価格、デザイン面など、製品そのものに関する何かが理由になっているのではないかと予想を立てた。

しかし、消費者の声を聞いてみると、まったく別の回答が返ってきた。「ＳＵＢＡＲＵに対するブランド意識やアイデンティティがない」。つまり、米国の消費者は、ＳＵＢＡＲＵについて何も知らなかったのだ。

その発見は、マーケティング部門とその他ＳＵＢＡＲＵ関係者が協力し、ブランドの重要性を理解するためには、非常に役に立つものだった。米国で車を販売するということは、良い製品であればいいというだけでなく、製品とブランドが共存している必要がある。SUBARUにはアイデンティティとなるものがなく、それゆえに消費者からのブランド意識も低かった、ということがわかったのだ。

では、実際にSUBARU車に乗っているオーナーに「SUBARUについてどう思いますか?」という質問をしてみたら? すると車種も年齢も性別も異なるオーナーから共通して「love it」(すごく気に入っている)という回答が返ってきた。「love it」のほとんどの理由がSUBARU車の特性についてだった。

当時SUBARUは、AWD(4WD:四輪駆動)ドライブ製品を製造している数少ないブランドのうちのひとつだった。雪や雨、オフロードなど、さまざまな気候条件での運転が可能で、2007年頃はとくに珍しかった。そして事故にあっても守ってくれる車の安全性と、長く乗り続けられる頑丈さ。この3つがSUBARU車に対する愛着だとわかったのだ。安全で、丈夫で、好きなところに行ける。この特性により、一度SUBARUの車を購入したオーナーにとって、車が単なる移動手段ではなく家族の一員のような存在になっていた。

そこからベスキー氏らは、「love it」(すごく気に入っている)というオーナーたちの率直な感想こそが、SUBARU製品と人をつなぐひとつのアイデアだということに気づき、それをSUBARUのブランドやアイデンティティとして役立てることにした。SUBARUは「自分の車を好きになれる」ブランド——こうして2008年初頭から始めたのがLOVEキャンペーンだった。

ＬＯＶＥキャンペーンは、オーナーの車に対する愛（安全性、長く乗り続けられる、ＡＷＤドライブ）に基づいて始まったキャンペーンなので、キャンペーン開始後の数年間は、車に対する愛という部分に焦点を当てつつ、単に車だけでなく、ＳＵＢＡＲＵというブランドや会社を、車を愛するのと同じように愛してもらえる特別な意味を作り上げることが狙いだった。

２００８年は手始めに、ＬＯＶＥキャンペーンのうちのひとつとして「Share the Love」というブランドキャンペーンを作成する。米国では年末、各自動車メーカーはクリスマスプレゼントとして車を特別割引価格で販売することが常だ。ＳＵＢＡＲＵもそれまでは他のメーカーと同様、この手法をとっていた。しかしShare the Loveキャンペーンは、まったく別のアプローチを提案する。確かに年末のセールスキャンペーンなのだが、販売する車１台につき２５０ドルを寄付金とし、顧客が選択した慈善団体にＳＵＢＡＲＵから寄付をするというもの。慈善活動に貢献できたことにより、顧客は良いことをした気分になる、というわけだ。このキャンペーンで、顧客が愛することができる会社、ＳＵＢＡＲＵを愛することができる理由を作った。

このアイデアは、ＳＵＢＡＲＵ車のオーナーは慈善活動に関心があり、自分の時間とお金を使って慈善活動やボランティアをしている傾向がある、という独自の調査から導き出されたものだ。そこで環境、ペット、健康、教育、地域社会に関係する全国規模の慈善団体を選び、顧客はそれらから選んで寄付をするというキャンペーンに仕立てたというわけだ。

この取り組みは米国でも珍しいものだったので、他社からは「決してうまくいかない」などさまざまな意見を受けた。だが、初年度で約４００万ドル強を慈善団体に寄付するほどに成功。このキャンペーンは13年間継続して行っており、２０２０年の終わりまでに寄付の総額は2億米ドルに上る。

もうひとつ重要な施策が、２０１５年から始まったＳＵＢＡＲＵ車オーナーによるアンバサダープログラムだ。これはオーナー自らがソーシャルメディアやイベント、口コミなどを駆使して、ＳＵＢＡＲＵ車やブランドとの関係をアピールするというもの。現在約１万１０００人が参加している。

これは、ＳＵＢＡＲＵオーナーは自分の車について話すのが好きで、それを周りに話したり、他の人にすすめたりする傾向にあるというロイヤリティの高さを最大限に活用したものだ。なので、彼らの慈善活動で活用するために帽子、キーホルダー、ペン、シャツなどのちょっとしたプレゼントを送ることはあっても、ＳＵＢＡＲＵから彼らへの金銭の授受は一切ない。

基本的にアンバサダーには、応募理由、所有しているＳＵＢＡＲＵ車の数、好きなところ、自らの仕事について、ソーシャルメディアアカウントの可否、何に興味があるかについての情報を申請書として提出してもらって選考する。年齢や所有している車種、居住地などに偏りがないようにしている。

アンバサダーには、月に一度活動報告、つまり、何をしたか、何人と話したか、どのソーシャルメディアに何を投稿したか、モーターショーに参加したか、などをＳＵＢＡＲＵに提出

図表 2-21　米 SUBARU は LOVE キャンペーンと
アンバサダープログラムを展開

画像提供：Subaru of America, Inc.

する義務がある。

そうした際に、SUBARUは、アンバサダーに活動に対する感謝を伝えるとともに、今後も活動を続けたいか意思を確認したり、彼らがブランドを象徴する優れたアンバサダーとしてふさわしい行動をとっているかを確認したりする。

そのためソーシャルメディア上でも、彼らの投稿などを確認し、ブランドアンバサダーとしてふさわしくないと判断した場合は、プログラムから外れてもらうよう依頼することもある。週末、しかも無料の活動なのに、ずいぶんと窮屈に感じる人もいるかもしれない。しかしSUBARU車オーナーたちはアンバサダーとしての活動を純粋に楽しんでいるのだ。

なぜなら、LOVEキャンペーン全体がオーナーのインサイトから始まったもので、製品の利点をただ消費者に伝えるだけのものではないから。中心に〝LOVE〟を据え、オーナーと共に一貫したコンセプトで活動したことが成功の秘訣だ。

オーナーが車の安全性に好感を持っていることや、長く乗り続けられること、そのため彼らの子どもに車を譲り渡しても乗り続けている話など、それらは彼らそれぞれの物語でありナラティブである。それは同時にSUBARUのナラティブでもある。価値のあるブランドとして位置づけられるよう努めた結果、業績UPにつながったと言えよう。

可変的なエンゲージメント

次に強調しておきたい点は、ナラティブの実践にはエンゲージの「可変性」が極めて重要だということだ。このＳＴＥＰ４の冒頭でも「ＶＵＣＡ」というキーワードに言及したが、コロナ禍も経て、世の中はますます「先が見えない」環境になっていく。そんな時代に、固定化されたメッセージやタッチポイントは対応しきれない。それらを、どんどん状況に合わせて（あるいは好ましい状況をつくるために）可変させ、ナラティブという物語構造を先に進めていく。

事例を紹介しよう。日本人にはなじみの深い「箱根駅伝」。その背後には、ある世界的なナラティブが存在していた。

ナイキの事例

「Breaking2」プロジェクト

２０２０年の東京箱根間往復大学駅伝競走（以下、箱根駅伝）を観た人ならきっと、ほとんどの選手が〝ピンク色のシューズ〟を履いていたことを覚えているだろう。これは厚底シューズとして一躍注目を集めることになった「ナイキ ズームエックス ヴェイパーフライ ネクスト%」（以下、ネクスト%）というナイキの商品。しかしこのシューズをめぐる物語は、それより以前、２０１７年から始まる「Breaking2」プロジェクトまでさかのぼる。

Breaking2とは、「フルマラソン2時間切り」のこと。２０１７年時点でのフルマラソンにおける男子世界記録のタイムは2時間2分57秒（２０１４年のベルリンマラソンでのデニス・キメット選手の記録）。このタイムを３％短縮しないと2時間切りはできない。ナイキは人間にとって不可能とも言われていたBreaking2プロジェクトの実施について、２０１６年12月13日（日本時間）にリリースを出して正式に発表した。

リリースには、「ナイキが人間の可能性に挑戦するイノベーションプロジェクト」とある。つまり、人類に不可能はない、というメッセージであり、かなり広い範囲の関心を集めるテーマ設定だ。しかも「地球上のすべてのアスリートにインスピレーションとイノベーションを提供する」というナイキのミッションが起点のチャレンジでもある。

このプロジェクトには3人のエリートアスリートが合流した。ケニアのエリウド・キプチョゲ選手（２０１６年リオデジャネイロ五輪男子マラソン金メダリスト）、エリトリアのゼルセナイ・タデッセ選手（２００４年アテネ五輪１００００m銅メダリスト）、エチオピアのレリサ・デシサ選手（２０１５年ボストンマラソン優勝）だ。

それに運動力学、コーチング、デザイン、エンジニアリング、素材開発、栄養、スポーツ心理学、生理学などの各分野の世界クラスの専門家、そして革新的なランニングシューズを開発・提供するナイキが加わり、３人のアスリートの能力を最大化させるチームをつくってプロジェクトは始動した。

２０１７年５月６日。選手とチームは、自動車レースＦ１イタリアＧＰが開かれるミラノ郊外のモンツァ・サーキットでプロジェクトの成果を見せることになった。しかし結果を先にいうと、この時の挑戦は失敗。とはいえ、エリウド・キプチョゲ選手が非公認とはいえ2時間25秒をマーク。2時間の壁まであと一息というところまでタイムを縮めたのは快挙ではあった。

ここで注目すべきなのは、イタリアでのBreaking2の失敗が、結果的にナラティブを進化させたことだ。実はナイキは、イタリアでのタイムレースの様子を1週間Breaking2のフェイスブックページで視聴できるようにしたほか、挑戦に至るまでの3人の選手とチームの様子を、ナショナル ジオグラフィック・スタジオと共同で長編ドキュメンタリーとして制作し、同年9月にユーチューブなどで公開している。

これはBreaking2という人類の限界突破への挑戦が、アスリートとそれをサポートするチームのメンバー一人ひとりの物語として描かれた、非常にエモーショナルな内容だ。ＳＮＳでのコミュニケーションでも、２０１７年時点で#Breaking2の累積インプレッションは2兆回を超えるほどのインパクトがあった。

さて、実は冒頭で紹介したピンク色のシューズ「ネクスト％」の原型（プロトタイプ）は、もともとこの三選手のために開発されたものだ。２０１７年には「ナイキ ズーム ヴェイパーフライ４％」として市販されている。このシューズは厚底なので、反発がありながら疲労が残りにくいのが特徴だ。ソールの厚みとシューズ下部のカーボンプレートによって、高い反発力とクッション性を実現している。

このシューズとアスリートの努力、そしてサポートチームの貢献もあり、イタリアでの2時間25秒という記録が達成されたとも言える。その後、２０１８年に厚底シューズを履いたキプチョゲ選手がベルリンマラソンで世界記録を更新。2時間１分39秒という公式世界新記録を叩き出す。

この頃から日本のトップアスリートの間でも、厚底シューズを履いた選手が次々と記録を塗り替えていく。２０１８年、東京マラソンで厚底シューズを履いた設楽悠太選手が16年ぶりに日本記録を更新。その約7カ月後、10月のシカゴマラソンで大迫傑選手がやはりナイキの厚底シューズで、設楽選手の記録を上回る2時間05分50秒で日本記録を更新したのだ。日本選手のこの様子は日本のメディアで大々的に報道され、国内でも着用する選手が増えていった。

そして２０１９年10月、キプチョゲ選手は再びオーストリアのウィーンでBreaking2の挑戦をする。結果は、１時間59分40秒。34歳のキプチョゲ選手が、とうとう人類で初めてフルマラソンで2時間の壁を突破したのだ。この偉業には世界各国から称賛の声が相次ぎ、元米大統領のオバマ氏も祝福のコメントを寄せるほどだった。ナイキは２０１６年にBreaking2プロジェクトを発表してから3年で、目的を達成したことになる。ところが、日本ではこのニュースはあまり大きく取り上げられることはなかった。

日本中がこの厚底シューズに注目しだしたのは、キプチョゲ選手の偉業から2カ月後、箱根駅伝で大半の選手がこのシューズを履き、区間新記録を次々と更新してからだ。つまり、厚底シューズのグローバルなナラティブはイタリアから始まり、ウィーンで達成したが、日本では２０２０年の箱根駅伝から本格的に取り込まれたことになる。かように、日本における箱根駅伝の影響力は凄まじいのだ。

海外ではBreaking2というナラティブの形成がなされていたが、日本国内では様子が異なる。ナイキでは当然ながら日本選手にも厚底シューズを提供しており、厚底シューズ購入権をかけたイベントを行ったりもしていた。

しかし日本におけるメッセージはBreaking2ではなく「厚さは速さだ」。実は日本ではシューズの「薄底」神話がある。厚底シューズはランニング初心者だというパーセプションがあったのだ。それゆえ、日本では商品的なメッセージとしては「厚さは速さだ」となった。それを証明してみせたのが、２０１８年の大迫選手や設楽選手の活躍だったというわけだ。

一方で、次々と好記録を続出させる魔法の厚底シューズは、物議も醸す。２０２０年１月に国際陸上競技連盟（世界陸連）が、東京五輪でのナイキの厚底シューズの使用を禁止しようとしているというニュースが世界中のメディアに流れたのだ。しかしこの時点で、世界のトップ選手がすでにこのシューズを履いていたのも事実。結局、五輪における厚底シューズの使用は、ソールの厚さ40ミリ以下などの規定をクリアした市販品のみ認めるというものになった。厚底シューズはそこまでの影響力を及ぼすほどの存在になったのだ。

そして２０２０年11月、今度はなんと、リドリー・スコット監督がマラソン世界記録保持者であるキプチョゲ選手のドキュメンタリー映画をプロデュースしていることが明らかになっ

図表 2-22 「Breaking2」＝「2 時間切り」への挑戦

2019年10月12日、ウィーンで「2時間の壁」を破った
エリウド・キプチョゲ選手

エリウド・キプチョゲ選手が履いた
「ナイキ エア ズーム アルファフライ ネクスト%」

画像提供：ナイキジャパン

た。Breaking2の物語はまだ終わらない。

　ナイキの事例は見事に「可変的なキャンペーン」によるナラティブを実践した。「人間の不可能に挑む」というメッセージ、初回の挑戦が失敗したことを受けての情報発信、エリウド・キプチョゲというアスリートの思いと声、『ナショナル ジオグラフィック』との連携、日本における、箱根駅伝というタッチポイント、「厚さは速さだ」という商品のタグライン――実にマルチなエンゲージが可変的に遂行され、物語的な構造が構築されていった。ナラティブをかたちづくる「ピース」としての商品企画、広告出稿、パブリシティ・プラン、などに計画性が必要なことは言うまでもない。その上で、変動することを前提にした柔軟性と対応力が求められるのだ。

マルチエンゲージの展開：実践の3つのポイント

　では、STEP4のまとめに入ろう。以下が、マルチエンゲージの展開を実践する際の3つのポイントだ（図表2－23）。

図表 2-23　マルチエンゲージの展開：実践の３つのポイント

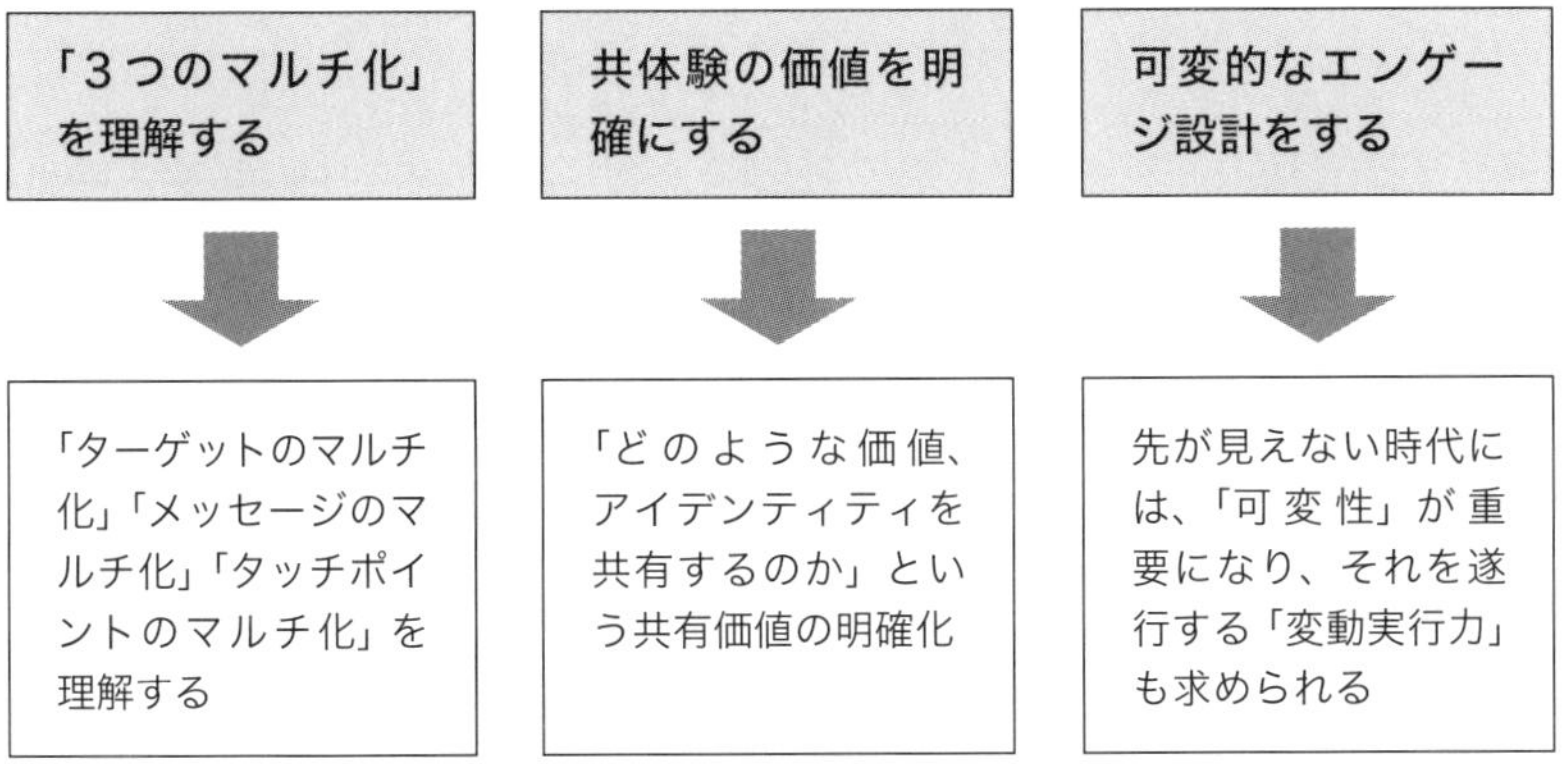

1　「3つのマルチ化」を理解する
2　共体験の価値を明確にする
3　可変的なエンゲージ設計をする

ひとつずつ解説していこう。

1　「3つのマルチ化」を理解する

ナラティブの実行とは、ステークホルダーとの「共創構造」の構築でもある。美しいストーリーを新聞広告で掲出するのは、ナラティブの実践ではない（その一部にはなりうるかもしれないが）。消費者やステークホルダーを物語に巻き込み、共に紡いでいくためには、マルチな実践の発想、とくに3つのマルチ化――「ターゲットのマルチ化」「メッセージのマルチ化」「タッチポイントのマルチ化」――を理解する必要がある。

2　共体験の価値を明確にする

コロナ禍も経て、これからの時代は「共体験」が重要になる。そして共体験のデザインで不可欠なのが、「どのような価値、アイデンティティを共有するのか」ということ。米ＳＵＢＡＲＵには「ＬＯＶＥ」、ナイキには「不可能への挑戦」といった共有価値が明確に存在していた。それを明確化せずに軽視すると、『１００ワニ』のような事態も起こりうる（ＰＡＲＴ１参照）。企業は共体験を発見し、自らも「共体験の輪」に入っていかなければならない。

3　可変的なエンゲージ設計をする

先が見えない時代には、「可変性」が重要になる。そしてそれを遂行する「変動実行力」も求められる。広告制作やＰＲの見積もり時に、よく「松竹梅（総額予算別パターン）で出してください」というのがあるが、これからの時代は「予算の松竹梅」よりも、「可変パターンの松竹梅」を想定することに意味があるだろう。「行き当たりばったり」なのではない。どれだけ精緻にシナリオを想定し、また柔軟に対応できる体制を構築するかということだ。

STEP 5

効果の測定：ナラティブを「はかる」

STEP4までのおさらい

これから最後のステップの解説に入る前に、一度、これまでのおさらいをしよう。ここまでは、ＳＴＥＰ１：パーパスの設定、ＳＴＥＰ２：パーセプションの形成、ＳＴＥＰ３：ナラティブスクリプトの作成、ＳＴＥＰ４：マルチエンゲージの展開、と４つのＳＴＥＰを解説してきた。

【STEP1】

ナラティブを実現させるためには、まずはパーパスの設定が大切となる。なぜならパーパス＝存在意義はナラティブの起点となるからだ。実はパーパスがないとナラティブが描けないというわけではない。しかし、せめてパーパスに近いものがないと、ナラティブ構造を作ることは難しい。というのも、企業は物語の中の登場人物の一人でしかないからだ。その物語（ナラティブ）の芯が何なのか？　ステークホルダーはなぜその物語に巻き込まれるのか？　その物語構造の中で、自社（企業やブランド）の立ち位置はどこなのか？　それらを明確にするためにも、パーパスはあった方がいい。パーパスは物語における企業の役作りのために必要なのである。

【STEP2】

ここで注意しなければならないのは、ナラティブは企業やブランドの認知を上げるための物語ではない、という点だ。素晴らしい物語構造は、企業やブランドを有名にする効果もあるが、最も重要なのは、パーセプション（認識）をつくる、あるいは変えることにある。というのも、パーセプション形成こそが人を動かすからだ。ナラティブ実践の目的は、認知度アップではなく、パーセプションの形成におくべきだろう。

【STEP3】

そして理想的な物語的構造＝ナラティブを描くための具体的な方法が、ナラティブスクリプトの作成だ。ナラティブには、何のナラティブかという「タイトル」が必要になるが、それは企業名やブランド名ではない。ナラティブの範囲設定やコミュニケーションの余白を意識してナラティブスクリプトを作成する必要がある。

【STEP4】

このようにして構想したナラティブを世の中に展開する際に大事なのは、広告やＰＲ、ＳＮＳなど、チャネルや方法論、具体的な手法が何であっても、すべてが物語構造の中で実行されるという点だ。さらに実行において大切なことは、マルチであること、かつ可変的にエンゲージすることだ。

そして、最後のＳＴＥＰ５では、ナラティブを「はかる」——つまり、物語構造をどのように検証し、その成果、効果を測定すべきか、ということを解説していこう。

ナラティブをはかる2つの方法論

ナラティブを「はかる」には、大きく２つのアプローチがある。

1　ナラティブの「パワー」をはかる

2　ナラティブの「成果」をはかる

ナラティブの「パワー」をはかるとは、「物語的な共創構造」であるべきナラティブそれ自体に、**人を動かす力やブランドへの貢献力があるか**の検証だ。具体的には、ＳＴＥＰ３で紹介した「ナラティブスクリプト」を使って、ステークホルダーとなる生活者やメディア、有識者の反応を調査するということになる。つまり、世に放つ前に、そのナラティブが機能するかどうか、をテストするわけだ。

広告業界では、投下する前の広告を消費者に見せて好感度や興味度を探る、「クリエイティブ調査」がよく行われる。クリエイティブを見せる代わりに、ナラティブスクリプトを見せると理解してもらえばよいだろう。

仮にナラティブへの反応が期待されるものではなければ、スクリプト自体を再考することも考えられる。あるいは、さらに魅力的なナラティブに進化させるためのヒントが見つかることもあるだろう。検証にあたっては、後述する「ナラティブ力の5つの指標」を用いる。

ナラティブの「成果」をはかるとは、ナラティブが世の中に放たれた後の**コミュニケーション効果の測定**だ。前提として、共創構造それ自体であるナラティブの計測は簡単ではない。コントロール不可能なさまざまな要素が交錯するからだ。しかしだからといって、「世に放ったらまったく実態がつかめない」というものでもない。

とくに、コミュニケーションの観点――意図した情報が十分に露出しているか、その情報に対するステークホルダーの反応はどうか、認識変容（パーセプションチェンジ）につながっているか――からは、既存の計測モデルで把握できることは多々ある。

それらを定点観測し、ナラティブの実態を評価検証し、必要に応じて修正していくことも可能なのだ。

さあ、ではそれぞれの計測モデルを、詳しく解説していこう。

1　ナラティブの「パワー」をはかる

ナラティブスクリプトへの反応を見て、「なんとなく受け入れられそうだ」「なんとなく好感を持たれている」で終わってはいけない（これはもちろん、クリエイティブ調査をはじめ、すべてのリサーチに言えることではあるが）。良し悪しを判断する、なんらかの「指標」が必要になってくるし、それはナラティブの役割とも整合している必要がある。以下が、「ナラティブ力の5つの指標」だ。

①共感度　Relevancy

そのナラティブに共感するかどうか。物語への共感なしに共創構造は成立しない。まずストーリーとして魅力を感じるかの検証。次に重要なのは、それを自分自身に関連付けることができるかがポイントとなる。ナラティブへの参画可能性を見極める。

②伝播度　Talkability

そのナラティブを人と共有したり、報道したりしたくなるか。伝播性もナラティブにとっては重要な要素だ。優れた物語は伝承される。共創構造を拡張させるには、同じ体験（共体験）の同志を増やしたいという思いや、報道したいというメディアの意向が増幅装置になる。

③社会福利度　Well-being

そのナラティブは世の中を良くするものだと思えるか。社会性と将来性も、ナラティブの重要な要素だ。社会を舞台に、未来に向けて現在進行形で続く物語である限り、このポイントがしっかり担保されているかは検証すべきである。

④ブランド関与度　Authenticity

そのナラティブに企業は正当性を持って関与しているか。繰り返しになるが、企業やブランドはナラティブの「主人公」ではない。しかし、正当な役割を持った「登場人物の一人」である必要はある。ナラティブの中に企業が違和感なくポジションされているかを見極める。

⑤認識変容度　Perception Change

そのナラティブは何らかの認識を変えるものか。ナラティブの大きな目的意識は「認知」ではなく「認識（パーセプション）」。新しいパーセプション形成や変容にその物語は寄与するかどうか、その結果、人々の行動喚起が期待できるかを検証する。

ナラティブスクリプトを提示した結果の反応を、以上の5つの観点から評価する。理想的には、想定されるなるべく多様なステークホルダーで検証することだ。生活者と関わりの深い企業やブランドなら、当然ながら生活者調査が考えられる。

ナラティブ調査で実績のあるコレクシアの村山幹朗氏は言う。「目的に応じて定性調査と定量調査を使い分けることを推奨しています。定性的なデプス調査によるパワー測定は、ナラティブの良し悪しの見極めと、その理由の理解、改善の指針を明確にできる点で優れています。しかし、ナラティブによる成果の定量予測や量的比較ができないデメリットがあるのです」。

一方で、定量的なパワー測定は、ナラティブが生活者をどれだけ認識変化させられるかの規模予測も可能であり、定量的な根拠に基づいて最も効果が期待できるナラティブを選択することができる。しかし、定量調査だけでは評価の理由の深掘りや改善指針の明確化が困難という欠点がある。ナラティブの完成度がまだ不十分であり、さらなる改善を必要としている場合は定性調査、ある程度完成されたナラティブの比較検証と規模推定をする場合は定量調査と使い分けるべきだろう。

また、生活者への調査の他にも、報道的な観点からジャーナリストへのヒアリングや、当該領域の将来仮説の観点から有識者や専門家へのヒアリングも有効だ。

2　ナラティブの「成果」をはかる

ナラティブの「成果」をはかる上で注意しなければならないポイントが2つある。

まずひとつは、ナラティブは広告キャンペーンやＰＲイベントなどの単発施策ではないので、前述したように測定が非常に難しいという点だ。ＣＭの好感度調査や、ＰＲの露出量など、効果をはかるさまざまな成果指標はある。しかし、ナラティブを成り立たせているものは、単発施策ではない。つまり**単発施策の指標でははかれない**のだ。そのため、多角的に見る必要がある。

もうひとつは、ナラティブは現在進行形の物語構造だということ。ストーリーのように起承転結ではない。ナラティブは今も続いているし、これからも続くものなので、自ずと中長期的な取り組みになる。単発での成功・失敗を見るのではなく、**モニタリングしてＰＤＣＡを回すべき**なのだ。

そのナラティブが世の中に受け入れられているのか、広がりを見せているのか、自社やブランドにとって良い物語になっているのか、そして、ナラティブがファンベースの拡大や売り上げの点でビジネスインパクトに直結しているのか？　これらを中長期的な視点で見なければならない。物語構造のＰＤＣＡを回してレビューし、サイクルを回すことで、場合によっては、物語の進行を調整して進む先を変えることもできる。

ここでナラティブの効果測定をするための具体的なフレームワークを紹介しよう。コミュニケーション効果測定の、世界最大の専門組織、ＡＭＥＣ（International Association for the Measurement and Evaluation of Communication）の「Integrated Evaluation Framework（統合型評価フレームワーク）」だ。

ロンドンに本部を置くＡＭＥＣは１９９６年に設立された組織で、コミュニケーション領域の効果測定を専門にしている。現在86カ国のＰＲ領域や調査組織、企業などがメンバーシップで参加しており、業界のスタンダートを構築したり、業界全体が利用できるようなツールの開発もしている。

そのＡＭＥＣが２０１６年に発表したのが「Integrated Evaluation Framework」というモデルだ。これはナラティブのために開発されたものではないが、筆者の見立てとして現時点では、ナラ

図表 2-24　AMECの「Integrated Evaluation Framework」

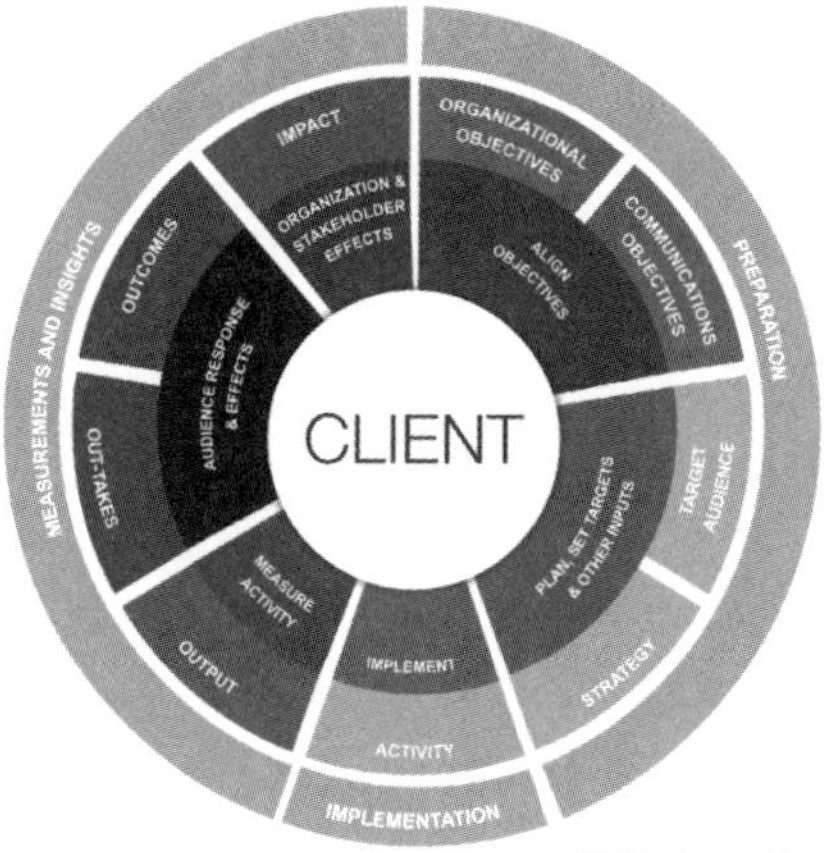

出所：https://amecorg.com/amecframework/

ティブの実践をどういう視点ではかってモニターしていくか、という観点からは、最適なモデルだと思っている。

このモデルの最大の特徴は、コミュニケーションの成果を「トリプルアウト」で整理している点だ。「トリプルアウト」とは次の3つだ。

1　アウトプット（Outputs）：実施活動による初期成果

2　アウトテイク（Outtakes）：情報発信活動に対するターゲットの反応やリアクション

3　アウトカム（Outcomes）：コミュニケーションがもたらした影響

図表2－24のAMECの「Integrated Evaluation Framework」はコミュニケーション測定のポイントを時系列で記したものだ。各ブロックを時計回りで順に見ていこう。

①Objectives

まずは「事業目標」と「コミュニケーション目標」を、それぞれ具体的な数値を伴って設定することが求められる。「事業目標」と「コミュニケーション目標」が分かれていることがポイントで、「事業目標」はビジネス上のオブジェクト、例えばマーケットシェアを2倍にするといった話だが、「コミュニケーション目標」は、その事業目標を実現するために情報伝達、情報発信としては何をするべきか、が求められる。

本書で解説しているパーセプションチェンジはここに入る。例えば、ロングセラーのブランドがまったく売れないという場合、これをなんとか回復基調に戻さなければならないというのが「事業目標」。ボトルネックになっている古いパーセプションを変える、という目的は「コミュニケーション目標」になる。

②Inputs

いわゆる「与件」のことだ。ターゲットは誰か、どういうインサイトを持っているか。誰に対して何を伝えるべきか？　ターゲットとインサイト分析に基づく戦略にあたる。

③Activities

具体的な実施内容で、ナラティブの実践の部分だ。いわゆるＰＥＳＯ（Ｐａｉｄ：広告、Ｅａｒｎｅｄ：パブリシティなど、Ｓｈａｒｅｄ：ＳＮＳなど、Ｏｗｎｅｄ：自社メディア）による実行内容にあたる。

さて、ここから先が肝心の効果測定に関するトリプルアウトのセクションだ。

④Outputs

実施活動による初期成果である。広告やＰＲでも何人にリーチしたかや、サイトへの訪問者数、ＰＲで言うところの露出数、ＳＮＳの投稿にいくつ「いいね！」がついたか、ということを指す。つまり定量だ。ただしこの時点ではまだ、その数値が持つ影響力はわからない。極論を言うと、たくさんの数値が出たが、ネガティブな影響を及ぼしているのではないか、というリスクすらはらんでいるのがこの時点だ。アウトプットがそのまま成果になっているかどうかがわからない、というのがポイントとなる。

⑤Outtakes

活動に対するターゲットの反応やリアクション——つまり定性を見る。アウトプットに対する反応がポジティブだったのか、どのくらいの勧誘度を持っているか。「エンゲージメント」の考えがここに入ってくる。極論だが、いろいろと情報発信をしていても無視されるということもある。思ったとおりの反応を得られているかを測定するのがここだ。

⑥Outcomes

ここで初めて、コミュニケーションがもたらした影響について話を進めることになる。パーセプションチェンジが本当に起こったのか、そしてパーセプションが変わったことによるビヘイビアチェンジ（行動変容）が起こったのかを見る部分である。

⑦Organizational Impact

最後は、最初の①で設定した「事業目的」の結果を出したか、を見るセクションだ。①に呼応するので、当然その目的によって結果が変わる。主にマーケティングの話だったのか、実際にセールスが向上したのか、評判が上がったのか、というビジネス上の成果に該当する。

味の素冷凍食品の事例で効果をはかってみる

このトリプルアウトを、実際のナラティブ実践事例で検証するとどうなるか。ここでは、STEP3の「ナラティブスクリプトの作成」で取り上げた、味の素冷凍食品の「#手間抜き論争」事例で追いかけてみよう。

アウトプット（Outputs）：実施活動による初期成果

公式アカウントの投稿には44万「いいね！」がつき、フォロワー数はおよそ4000人増加した。メディアの露出件数は２７０件にのぼり、動画再生回数は１カ月弱で90万回再生を達成。また、ツイッターにおける「冷凍餃子」への言及数はおよそ50万件も増加した。これらが、「#手間抜き論争」の定量的な初期成果だ。ナラティブが進む中で、非常に多くの報道や口コミが発生し、「たくさんの人の目に触れた」ということは検証できる。

アウトテイク（Outtakes）：活動に対するターゲットの反応やリアクション

アウトプットの成果があったとして、肝心なのは世の中の反応だ。ここは定性的にも定量的にも成果を見ることができる。定性的には、「味の素さんと一緒に料理して作った餃子なんだなぁと思うと嬉しかったです」「沢山の手間を食品工場が代わりにやってくれて、最後のひと手間として、フライパンで焼いてくださいね、ということですね」などのＳＮＳ上の声でポジティブな反応が確認できる。

一方で、「手間抜き」への言及数はおよそ20万件増加し、冷凍餃子を肯定するツイートは約３倍に膨れあがった。これによって、初期成果に触れた人々の反応が、こちらの意図に沿っていると検証できる。

アウトカム（Outcomes）：コミュニケーションがもたらした影響

これらを受けて、ツイートのポジティブ比率は、前後比でおよそ１４２％伸長した。冷凍餃子そのものの言及数が増え、さらに「手抜きではなく手間抜き」への言及数も増えた。結果として、「冷凍（餃子）食品は手抜きの象徴だ」というパーセプションは、「冷凍（餃子）食品は手間抜きであって手抜きではない」というパーセプションに変容した。一連のナラティブが、認識変容に影響を及ぼしたわけだ。

いかがだろうか。トリプルアウトで整理することで、バラバラな成果指標は統合的に管理できる。ナラティブが正しく機能したのか、どのような影響をもたらしたのかが把握できるのだ。一連の成果として、冷凍餃子の売り上げは前年比１１８％に伸長した。この結果が、このモデルの「Organizational Impact（事業への影響）」に相当することになる。

効果の測定：実践の3つのポイント

では、この章のまとめに入ろう。以下が、ナラティブの効果測定を実践する際の３つのポイントだ。

1　「５つの指標」でナラティブスクリプトを検証する
2　「トリプルアウト」で成果を測定する
3　現在進行形のＰＤＣＡを回す

図表 2-25　効果の測定：実践の 3 つのポイント

「5つの指標」でナラティブスクリプトを検証する	「トリプルアウト」で成果を測定する	現在進行形のPDCAを回す
↓	↓	↓
①共感度　②伝播度　③社会福利度　④ブランド関与度　⑤認識変容度、を用いる	「アウトプット」「アウトテイク」「アウトカム」で整理する	世の中の状況を見ながら物語の進行を調整

ひとつずつ解説していこう。

1 「5つの指標」でナラティブスクリプトを検証する

まずもって、世に出す前のナラティブが機能するかを検証するには、「ナラティブ力の5つの指標」——①共感度 ②伝播度 ③社会福利度 ④ブランド関与度 ⑤認識変容度——を用いる。スクリプトを生活者やメディアなどのステークホルダーに提示し、この5つの指標で評価する。

2 「トリプルアウト」で成果を測定する

ナラティブを実践する中で、抽出される定量的、定性的なさまざまな指標は、トリプルアウト——「アウトプット」「アウトテイク」「アウトカム」で整理する。これによって、それぞれの指標への「意味づけ」がはっきりする。また、多角的な活動の中でどの部分に成果があり、どこにボトルネックがあるかも把握しやすくなる。

3　現在進行形のＰＤＣＡを回す

本書で何度も強調しているように、ナラティブは現在進行形の物語構造だ。このことは、単発での成功・失敗を見るのではなく、ＰＤＣＡを回す感覚により近いことを意味する。また、「ＳＴＥＰ４　マルチエンゲージの展開」で触れたように、ナラティブはそれ自体が生き物のような「可変性」を有する。世の中の状況を見ながら物語進行を調整することもまた重要だ。

PART 3

企業価値に直結するナラティブ

1 ナラティブ力を発揮する達人たち

ここまで、ナラティブカンパニーが出現する時代背景と３つの変化（ＰＡＲＴ１）、ナラティブ実践の５つのステップ（ＰＡＲＴ２）について解説してきた。なんとなくモヤモヤしていた「ナラティブ」という概念が、よりしっかりとした輪郭を持ち、かつそれがニューノーマル時代の企業に不可欠な要素であると認識できただろうか？

本書のラストパートとなる「ＰＡＲＴ３」では、より大きな企業経営の視座から、**ナラティブを組織の「血肉」とすること、それによって企業価値を最大化すること**――真の「ナラティブカンパニー」となることについて解説していきたい。

さて、企業組織のナラティブ実装を考える前に、ここでいったん一人の人間の「パーソナルなナラティブ力」についての話から始めてみよう。

トランプもナラティブの達人？

ナラティブの重要性は、企業活動に限定されるものではない。現代社会において、「物語的な共創構造」の役割は、多くのステークホルダーを魅了し、巻き込み、共体験を生み、行動を促すことだ。そして、多くの人を動かすことが求められる領域はビジネス以外にも存在する。例えば「政治」の世界がそうだ。

プロローグで紹介した、『Narrative Economics（ナラティブエコノミクス）』を思い出してみよう。著者のノーベル賞経済学者ロバート・シラー教授は、経済事象を起こしている背後には「ナラティブの力」が作用していると主張する。ある固有のストーリーを人々が話し、社会共有することで経済が動く。

そして、経済だけではなく、ナラティブは政治も動かす。アドルフ・ヒトラーの「ナラティブ力」は、大恐慌の最中にもかかわらず支持率を5％から40％まで劇的に向上させたし、ドナルド・トランプ大統領もシラー教授に言わせれば「ナラティブの達人」ということになる。

現在も続くコロナ禍では、世界各国の感染対策もさることながら、政治リーダーの「ナラティブ力」が試された。いくつかの例を通じて、政治におけるナラティブの力を見てみよう。

ナラティブな政治リーダーたち

コロナ禍におけるナラティブ力が高かった政治リーダーとしてまず思い浮かぶのは、ドイツのアンゲラ・メルケル首相だ。新型コロナの感染拡大を受けて、各国の首脳は次々に国民に語りかけた。その中でも、ドイツ国民からはもちろん、世界でも賞賛されたのが、メルケル首相が２０２０年3月に行ったスピーチだ。メルケル首相は、国民にロックダウンの決断を伝えながら、「東西ドイツ統一以来、私たちがこれほど連帯すべき試練はなかった」と語りかけた。30年前の「ベルリンの壁崩壊」を国民に思い起こさせる。

メルケル首相自身が、自由のない東独で少女時代を過ごした身であり、メッセージには首相個人の物語も見え隠れする。国民誰しもが共有する物語に重ね合わせると、次はスーパーの店員への感謝を強調する。

「お礼を申し上げたいのは、ほとんど感謝されることのない皆さん――スーパーでレジ係をしている方、品出しをしている方です」。いわゆるエッセンシャルワーカーへの感謝はその後多くの政治リーダーが口にしたが、メルケル首相は早かった。ドイツは医療支援や財政対策でも評価されたが、このスピーチに代表されるナラティブ力は、国民を結束させるために大いに機能した。

もう一人挙げるとするなら、迷うことなくニュージーランドのジャシンダ・アーダーン首相だろう。ニュージーランドで最初の感染者が報告されたのは2月28日。その後は急速に対策を強化し、3月下旬には警戒システムをレベル4――いわゆるロックダウンに引き上げた。

戸惑う国民を前に、アーダーン首相は自宅から普段着で動画をライブ配信した。２歳の娘の母親でもある首相は、さながら子どもを寝かしつけた後にリモート会議に参加するママ社員のよう。楽しみにしていた４月のイースターを前に気落ちする子どもたちのために、「イースターバニーはエッセンシャルワーカーだから、今年の活動は減るかもしれないけれどなくならないからね」と語りかけた。

ロックダウン中には、通りに面した窓際にテディベアを飾る活動に参加。外出制限の中、わずかに許された散歩の時間で、子どもたちの気晴らしになればと自ら始めたが、この動きは「クマさがし」として全国に拡大。３万カ所近くが専用のウェブサイトに掲載されるまでになった。まさに、困難に立ち向かう「共体験」を実現させたのである。

メルケル首相が骨太なナラティブを展開したとすれば、アーダーン首相はより若い感性、カジュアルなナラティブで国民を巻き込んだ。

メルケル首相、アーダーン首相に共通するのは、「上から目線」ではなく寄り添うスタンスで、国民が自分ゴト化できる物語性をうまく取り入れていることだ。ほかにも、コロナ対策にＳＮＳやインフルエンサーを動員したフィンランドのサンナ・マリン首相、「今は怖がっていてもいいんだよ」とテレビを通じて子どもたちに語りかけたノルウェーのエルナ・ソルベルグ首相など、ナラティブ力を発揮した政治リーダーには女性が目立つ。さて、翻って、我が国日本はどうだったのだろうか。

ナラティブ不在の「アベノマスク」

２０２０年4月1日。安倍晋三前首相は、「全世帯に再利用可能な布マスクを配布する」と発表した。「アベノマスク」と揶揄されることになるこの政策は、新型コロナウイルス感染拡大により深刻化していたマスク不足に対応したものだが、その後、さまざまな波紋を呼んだ。

「優先順位の高い政策課題ではない」と野党は指摘し、４７０億円近い費用や、その調達先にも疑問の声があがった。5月中旬までの完了を目指していたマスク配布は遅れに遅れ、ようやく全戸配布が終わったのは6月も半ばになってから。使い捨てマスクの品薄も解消され始めていた頃だ。安倍前首相は政策の正当性を主張していたが、10月に発表された「新型コロナ対応・民間臨時調査会」の報告書では、「アベノマスクは失敗」という官邸スタッフの証言が報道された。

アベノマスクが本当に政策として失敗だったかどうかは、人によって判断の分かれるところかもしれない。しかし、そこに「ナラティブの要素」があったかと言えば、それはほぼ皆無だ。アベノマスクは一方的に国民に配布告知され、とにかく全戸配布を完了することだけを目的に遂行されたように見える。ナラティブ不在のマスク配布は、まるで「サンプリング」のようだ。

アベノマスクに限らず、日本政府の動きは、海外の政治リーダーと比較してもナラティブ不足の感が否めない。歌手の星野源の「うちで踊ろう」に便乗した動画（通称「アベノコラボ」）も、多少なりともナラティブ的なアプローチを意識したのかもしれないが、残念ながらお寒い結果に終わった。

ナラティブ不在で政策としても不評だった「アベノマスク」の配布

撮影：尾形文繁

もちろん、欧米と比較してケタ違いにコロナの感染拡大が抑えられたのも事実である。日本政府の対応には成果を出したものも多くあるはずだが、「ナラティブ力」に課題があることがあらためて露呈したと言えるだろう。

「ナラティブかどうか?」は世界基準

政治の話に限らず、「ナラティブ力」で日本の分は悪い。アメリカのような国と比べて、多様性のある人々を巻き込む必要がなく、良くも悪くも「以心伝心」である国民性にも関係しているかもしれない。一方、**世界を見渡せば、「ナラティブかどうか?」は非常に重要な価値基準**でもある。

本書で繰り返し述べているように、「物語的な共創構造」は人を巻き込み、人を動かす。そして、政治や企業活動を持続性のある状態へと導いてくれる。このことが、グローバルではしっかりと認識されているのだ。

そして、言うまでもなく世界は多様で複雑だ。民族の違い、文化や宗教の違い、経済格差――こうした違いは、物事に対する異なるリテラシーを生み出す。同じ事象でも白く見えるか黒く見えるか、同じ物語でも受け入れるか受け入れないかにはギャップができる。つまり、特定のナラティブが受け入れられるかどうかは国やエリアで異なるということになるし、それを逆手に考えれば、海外でビジネスを成功させる突破口にもなりうる。

同じ商品やサービスでも、日本で受け入れられたナラティブをそのまま海外に持ち込んでも成功するとは限らない。その国や地域独自のナラティブスクリプトが必要になる場合の方が多いだろう。

さて、２０２０年時点で、世界で最も有名な日本人の一人となったあの女性の成功を、ナラティブの観点から見てみよう。

「こんまり」のナラティブ

２０１９年、こんまりこと近藤麻理恵氏のドキュメンタリー番組『ＫｏｎＭａｒｉ～人生がときめく片づけの魔法～（Tidying Up with Marie Kondo）』は、米エミー賞（テレビ番組のアカデミー賞と呼ばれる）で2部門にノミネートされた。ネットフリックスで世界１９０カ国に配信された同番組で、「こんまり」は名実ともに世界に知られる「ブランド」となった。

「こんまりメソッド」を世界に広めた近藤麻理恵氏と夫でありプロデューサーでもある川原卓巳氏

画像提供：KonMari Media, Inc.

子どもの頃から筋金入りの「片づけマニア」だったという近藤氏の提唱する独自の「こんまりメソッド」は、持ち物ひとつひとつに対峙して、「ときめくか、ときめかないか（英語ではSpark Joyと絶妙に翻訳された）」で手放すかどうかを決めていく。メソッドをまとめた著書『人生がときめく片づけの魔法』（サンマーク出版）は、１２００万部の世界的ベストセラーになり、近藤麻理恵氏は２０１５年には『ＴＩＭＥ』誌の「世界で最も影響力のある１００人」に選出された。

ここまで近藤氏が世界で認められるに至ったのは、「こんまりメソッド」が、単なる片づけノウハウを超えて、「人々の人生を変える（Life Changing）」ものだと認識されたことに尽きる。そして、この一連の成功の背後には、ナラティブ＝物語的な共創構造が機能していると僕は思う。そこにあるナラティブは、「片づけ」の物語ではない。「本来のときめく自分に戻る」というナラティブだ。この物語構造に、世界――とりわけ欧米の人々――は一斉に共感し、世界的な共体験が生み出された。

「そもそもすべては、彼女の純粋な〝好き〟から始まっているんですよ」と近藤氏の夫でありプロデューサーでもある川原卓巳氏は言う。「その大好きな片づけが、内向きなエネルギーではなく外向きなエネルギーになった。人のため、未来のために役立ちたいという思いです。それが、共創構造を生んだのだと思います」。

本書でも定義したように、あらゆるナラティブは創業者や企業の「思い」から始まる。この思いは、やがてこんまりメソッドの「Organize the World（世界を片づける）」というブランドパーパスへと結実した。この思いが起点となったナラティブは、書籍やテレビ番組とコンテンツの形は変えながらも、人生を変えることができた人々を巻き込んで今も広がり続けている。まさに、現在進行形なのだ。

近藤氏の成功には、世界で通用するナラティブの示唆がつまっている。それは「こんまり」のストーリーではなく、さまざまな文化背景を持つ世界中の人々の、「わたしの人生の物語」の集積である。そのナラティブが自分ゴトを語る口コミを発生させ、こんまりメソッドは物語的な構造で広がっていく。

ナラティブを企業にインストールする：3つの領域

世界の政治家から「こんまり」まで、個人の力としての「ナラティブ力」を見てきた（これについては、また機会があれば一冊本が書けるのではと思っている）が、ここで再び話を企業組織に戻そう。

個人のナラティブ力の場合、多かれ少なかれ、その人が持って生まれた「素養」というものもある。ある種のコミュニケーション力とも言えるかもしれない。個人の場合、トレーニングなどで多少の矯正はできても、なかなか天性のナラティブパーソン――メルケル首相のような――を超えることは容易ではないだろう。しかし、企業は違う。ナラティブを理解し、正しいアプローチをすることで、ナラティブカンパニーへの道は開けるのだ。

ナラティブ発想を企業にインストールし、ナラティブを組織の血肉にする――ここからは、そのアプローチの方向性について解説していこう。まず、ナラティブを企業にインストールするにあたっては、僕は大きく次の3つの領域があると思っている。

1　ソーシャル・レスポンシビリティ：責任を果たすナラティブ

2　ビジネス・トランスフォーメーション：変革を進めるナラティブ

3　ビヘイビア・プリンシプル：行動を起こすナラティブ

「**ソーシャル・レスポンシビリティ**」は、言うまでもなく企業がその社会的責任を果たすことである。２０２１年の現時点で、この領域における企業の関心はこれまでになく高まっている。その背景には、ご存じのようにＳＤＧｓ（２０１５年に国連が定めた「Sustainable Development Goals（持続可能な開発目標）」の略称）の存在があり、またより企業経営に直結するものとしてＥＳＧ（環境（Environment）、社会（Social）、ガバナンス（Governance）の頭文字）がある。

かつてのように、社会貢献活動は、「やっておいたほうが良いもの」ではない。企業価値最大化のために「やるべきこと」なのだ。そして、今回のコロナ禍はそれに拍車をかけた。この領域におけるナラティブは非常に重要だ。いわば、「責任を果たすナラティブ」である。

「**ビジネス・トランスフォーメーション**」は、企業にとってのもうひとつの大きな関心事だと言えるだろう。とりわけ、もはやバズワードと化しているのが「ＤＸ（デジタルトランスフォーメーション）」だ。経済産業省は２０１８年に「２０２５年の崖」を提言し、２０２１年９月にはいよいよデジタル庁が創設される。

日本の経済界では、ＤＸを単なる「デジタル化」と捉えてきている風潮があるが、その本質は「変革」だ。そして、ロバート・シラー教授の『Narrative Economics（ナラティブエコノミクス）』でも言及されているように、社会変革とナラティブには切っても切れない関係性がある。本来、変革が進む背後には、特定のナラティブが機能していることが多い。いわば、「変革を進めるナラティブ」だ。

そして最後に、「**ビヘイビア・プリンシプル**」。つまり従業員やステークホルダーの行動原理や行動指針だ。政府が進めてきた「働き方改革」や副業解禁の動きも相まって、いまや「何のために働くのか」という意識は大きな変換点にある。「大企業に属しているから」「企業が決めた目標だから」という理由は、かつてほど行動のモチベーションにはなり得ない時代なのだ。

また一方で、「顧客起点」の考え方も重要視されている。お題目としては顧客起点でも、実態は企業や部門の思惑が優先されてきた反省もあるだろう。いずれにしても、従業員をはじめ、その仕事に従事する人々が「何のために行動するか」は大きな転換期にあり、そこにもナラティブは重要な関わりを持っている。いわば、「行動を起こすナラティブ」だ。

これらの3つの領域において、なぜナラティブが重要であり、また企業はそれをどう血肉にしていくべきなのか。多彩な事例を通じて見ていこう。

2 ソーシャル・レスポンシビリティ：責任を果たすナラティブ

SDGs達成にも欠かせないナラティブ

ナラティブ発想を企業にインストールするにあたっての3つの領域のひとつめがソーシャル・レスポンシビリティ：責任を果たすナラティブであり、それはSDGsの達成にも欠かせない。

SDGsとは、2015年に国連が定めた「Sustainable Development Goals（持続可能な開発目標）」の略称で、2030年までに、持続可能でより良い世界を構築することを目指すための国際的な目標だ。17のゴールと169のターゲットから成り、地球上の「誰一人取り残さない（leave no one behind)」を理念としている。

17の目標とは、例えば、貧困や飢餓をなくすこと、健康や教育への支援や、エネルギーや働き方、気候変動の問題への対処など、包括的な持続可能社会を目指すためのものとなっている。

図表 3-1　SDGs の 17 のゴール

出所：国連開発計画（UNDP）駐日代表事務所HP

これは国連が定めた目標であって、企業に課せられた義務ではない。しかしＳＤＧｓに世界の注目が集まっている中で、これに取り組む企業は増えている。最初はグローバルな企業が関与し始め、２０２０年頃から日本企業の中にもＳＤＧｓに取り組む企業が出てき始めた。

では、なぜＳＤＧｓに取り組む企業が増えてきたのか？

実はＳＤＧｓに取り組むことによって、企業価値を最大化させるという経営者や株主の目標、目的とも合致し、企業にとってもいいことがあるからだ。その背景には、世界の潮流となっている企業への「ＥＳＧ投資」の存在がある。

ＥＳＧとは、環境（Environment）、社会(Social)、ガバナンス（Governance）の頭文字を取った言葉で、この三点から企業を分析、評価して投資をしようという考えだ。例えばCO_2の排出量の削減などの環境への配慮や、ダイバーシティへの取り組みや地域社会への貢献、リスク管理のための情報開示や法令遵守などが評価指標となる。

ＥＳＧはＳＤＧｓとは違い、企業がステークホルダーへ配慮することで、企業の長期的な成長につながるという考えが根底にある。しかし、企業が経営戦略の中にＳＤＧｓを組み込むことで、結果的にＳＤＧｓの目標を達成すれば、それは企業への評価となる。ならばＳＤＧｓにコミットした方がいい。

こうした背景を踏まえると、**ＳＤＧｓに企業が取り組むということにも、ナラティブが深く関係する。**

ひとつめの理由は、「パーセプションチェンジ（認識変容）」だ。ＳＤＧｓの達成は、もちろん企業だけの話ではなく、結局は人の行動を変える話である。そして本書でもずっと述べてきているとおり、人の行動を変えるには、パーセプションチェンジ（認識変容）が重要になる。ナラティブを実践するということは、ある種、新しいパーセプション（認識）を形成するということが目的だ。

国連もＳＤＧｓの認知を上げる活動をしているが、認知が上がるだけではダメで、行動が伴わなくてはいけない。あくまでも重要なのは、人の行動の変容であり、それを引き起こすパーセプションチェンジ。その点で、ＳＤＧｓへの取り組みとナラティブには強い関連がある。

ふたつめの理由が「共創構造」だ。ＳＤＧｓ達成には「共創」が重要なポイントになる。なぜなら、ＳＤＧｓ達成のための活動は、あらゆる人や組織に関与し、相当な巻き込みが必要になるからだ。目的達成のための舞台は広く、全世界、社会なので、たくさんのステークホルダーが納得することが重要になってくる。よって、当然ながら、企業単独の活動にはなり得ない。必然的に、共創構造というものが、企業のＳＤＧｓの取り組みには必須になる。

最後に「未来視点」。ＳＤＧｓは、環境活動家のグレタ・トゥーンベリさんが言っているように、将来世代のためであることが大前提だ。そのためＳＤＧｓの活動は現在進行形で、いつか終わるというものではない。国連の目標では２０３０年までに達成と期限が区切られてはいるが、あくまでも現在進行形かつ未来視点の活動であることに変わりはない。

そして本書でも何度も述べているとおり、ナラティブには終わりがない。ナラティブスクリプトを作る時にも、将来の顧客体験や顧客視点は必須だ。その点においてもナラティブと企業のＳＤＧｓへの取り組みは関係が深いのだ。

ここでひとつ、注意しなければならないことがある。本書のＰＡＲＴ１の「３つの変化」でも述べた「自分らしさ」、つまり「オーセンティシティ（authenticity）」についてだ。

なぜその企業が、その活動をしなければならないのか。企業のＳＤＧｓへの取り組みは、「その企業らしさ」が大切になる。いくらＳＤＧｓの17のゴールに寄与する活動をしていても、その企業がやる必然性の部分をなおざりにすると、企業活動の最大化にはつながらない。

さらに、本書のＰＡＲＴ２でも述べた、ナラティブの起点はパーパスだということを思い出してほしい。パーパスが自社の存在意義なのだから、パーパスとＳＤＧｓの取り組みはつながっていなければならない。「信念と行動の一貫性」と「Do Your Part.（自分の持ち場でやりなさい）」がポイントになるのだ。パーパスとオーセンティシティをしっかり押さえた上で、ＳＤＧｓのどこかに貢献するということを忘れてはならない。

ＳＤＧｓを掲げる国連もまた、企業との共創によるナラティブ実践を重要視している。

「ＳＤＧ５＊のジェンダー平等と女性と女子のエンパワーメントを実現するためには、法・制度の変革と人々のパーセプションと行動の変革は車の両輪であり、どちらが欠けても実現することができません。そして、国連や政府だけではなく、企業やＮＧＯが積極的に関わり一緒に実現のための筋書きを立て行動することが最も効果的です。

UN Women（国連女性機関）が立ち上げたアンステレオタイプアライアンスは２０２０年５月には日本支部も設立されましたが、広告主である企業と共にジェンダーの多様性を意識したナラティブを広告やＰＲを通じて発信することによって「こうあるべき」という認識、ジェンダーのステレオタイプ（固定観念）を打破し変革への行動を促すことに取り組んでいます」と、UN Women（国連女性機関）日本事務所長の石川雅恵氏は言う。

＊「ＳＤＧ５」とは、ＳＤＧｓの17の目標の中の5番目の目標「ジェンダー平等を実現しよう」のこと。

世界的に進む企業のＳＤＧｓナラティブ

日本企業はまだ取り組み始めたばかりの印象だが、グローバルではＳＤＧｓにつながるような企業ナラティブが、さまざまな形で生まれている。

マイクロソフトは２０１８年に、「Ｘｂｏｘ　アダプティブ　コントローラー」という特殊なゲームコントローラーを発売した。このプロダクトは、手足にハンディキャップがあるプレイヤーがコントローラーを自由にカスタマイズでき、ゲームを楽しめるというもの。

このプロダクトのキャンペーン「We All Win」の映像には、障がいを持つ子どもたちが登場し、ゲームを思うように楽しめない残念な気持ちを語ったあとに、Ｘｂｏｘ アダプティブ コントローラーで健常者とゲームを楽しんでいる様子が描かれている。そして、この映像を全米で最も視聴率と放映料が高いと言われる第53回スーパーボウル（２０１９年）の中継でも流したのだ。これはユーチューブの公式チャンネルでも公開され、ネットで非常に話題になった。

これはＳＤＧｓで言うところの「誰一人取り残さない（leave no one behind）」という理念にも合致している上に、ただ「きれいごと」を訴えるのではなく、自分たちの「土俵」での活動だ。ゲームコントローラーというプロダクトを実際に作っていることが「Do Your Part.」に当てはまる。これこそがＸｂｏｘがやることだという納得感がある上に、プレイヤーがゲームコントローラーをカスタマイズするという共創構造もある。

障がいを持つ子ども個々人やその家族には、それぞれのナラティブがある。この取り組みでは、「自分はこういう障がいとともに生きてきたし、これからも生きていく」という一人ひとりの物語と、Ｘｂｏｘ アダプティブ コントローラーというプロダクトが、見事に共創している。企業からの一方的な寄付やチャリティではない、共創構造で進んでいく物語という点で、素晴らしいナラティブが生み出された好例だろう。

低価格の家具メーカーＩＫＥＡのイスラエルでのプロジェクト「ThisAbles」も、マイクロソフトによく似たナラティブ構造だ。手足に障がいを持つ人たちが同社の家具を使いやすくするためのプロジェクトで、障がいのある人のアクセシビリティに取り組んでいるＮＧＯ団体と協働して、補助器具の３Ｄプリント用データ全13個が一般に公開されている（２０２０年1月14日現在）。

例えば、家具の引き出しの小さなつまみや、電気スタンドのつまみをもっと大きくして、細かい作業が苦手な人も楽に使えるようにするツールや、ソファーの座高を高くして、座ったり立ったりするときの体への負荷を軽減するソファーのつぎ足などで、ちょっとした工夫で家具が使いやすくなる。

これらの３Ｄプリント用データは無料で公開されているので、３Ｄプリンターにアクセスできる環境なら、誰でもダウンロードして使える。この事例も、自分たちの領分においてＳＤＧｓに関係のある取り組みであり、共創構造になっていることがわかる。

最後は、２０１７年のカンヌライオンズ（世界最大の広告賞）で、ＰＲ部門など四冠を達成した「Fearless Girl（恐れを知らない少女）」キャンペーンの事例だ。仕掛けたのはアメリカの資産運用会社ステート・ストリート・グローバル・アドバイザーズ（ＳＳＧＡ）。「ジェンダーイコール（男女共同参画）」の文脈での取り組みだ。

アメリカは多様性のある国ではあるけれども、実際はまだまだ男社会。全米の企業における白人男性の役員が63％。対して女性は22％（２０１９年現在）で、特に金融業界では男女差が顕著であるという。そこで同社は、ＥＳＧ投資にも関連するが、経営層に女性がどれだけいるかという判断基準で投資する「ＳＨＥ」というファンドを創設した。

それ自体が商品を使ったＳＤＧｓへの取り組みなのだが、そのファンドのＰＲを目的に、ニューヨーク・ウォール街の有名な雄牛の銅像「チャージング・ブル」に真正面から立ち向かう、Fearless Girl（恐れを知らない少女）の像を設置する。それも、２０１７年の3月7日、国際女性デーの前日の夜中にひっそりと設置された。

チャージング・ブルは株価上昇を願って設置された銅像なのだが、同時にマッチョな男性をイメージさせる。その対立構造として、金融系の企業をはじめ、各産業におけるジェンダー・ダイバーシティの重要性を訴える目的で少女像が設置されたのだ。この秀逸なアイデアは、ＳＳＧＡの依頼を受けた世界的な広告会社、マッキャン・ニューヨークの二人の若い女性クリエイターによって生み出された。

ニューヨーク、ウォール街に設置された「Fearless Girl（恐れを知らない少女）」の像

画像提供：McCANN NEW YORK

Fearless Girl像は大きな反響をよび、設置後わずか12週間でツイッターのインプレッションが46億に到達。ファンドの売り上げは４００％アップし、これを機に女性役員の登用を決めた企業は実に３０１社にのぼった。当初１週間の設置予定が、二度の期間延長を経て、ニューヨーク証券取引所の前に常設されている。

キモは、チャージング・ブルに立ち向かう未来ある女の子という「未来視点」である。仮にこれが大人の女性像だったらステレオタイプを助長してキャンペーンはそれほど成功はしなかっただろう。未来視点、ウォール街の歴史、チャージング・ブルが持っている意味、ウォール街（金融業界）が男性社会であることと、そこに設置されたFearless Girl像。これらすべてがナラティブで、そこに物語性、そして共創構造がある。

例を挙げるとキリがないが、２０１５年以降、世界ではゲームから金融までさまざまな領域で、企業責任を果たすためのナラティブ、つまりＳＤＧｓやＥＳＧを背景にしたナラティブが展開されている。

ESG中期目標を掲げるロッテのナラティブ

一方、対して日本ではまだまだナラティブなアプローチが少ないように思える（「ＳＤＧｓバッジ」を身につけているだけ、ではよろしくない）。明らかに今の日本の経営層は、ＥＳＧ、ＳＤＧｓへの関与で企業価値を最大化しようとしている。それは間違いないのだけれども、そこにナラティブ発想をもっと持つべきだ。ＳＤＧｓ／ＥＳＧは、ナラティブを企業の血肉にするために理想的な領域なのである。

大手菓子メーカーのロッテもまた、「ＥＳＧ中期目標」を掲げる企業だ。ロッテでは、「食と健康」「環境」など5つの目標領域を設定しているが、２０２０年に、「歯と口の健康のためにキシリトー

図表3-2 「キシリトールプロジェクト」のナラティブスクリプト

「その歯と100年。キシリトールプロジェクト」
――日本フィンランド化計画

人生100年時代。SDGsを始めとする、持続可能な社会実現への機運は世界的に高まっている。しかしSDGs達成度で日本は17位に甘んじる。世界には見習うべき国があるが、就任時34歳の女性首相が誕生したフィンランドもそうだ。フィンランドはSDGs達成度3位。特徴的なのは、行政が中心となって持続可能な社会構築への取り組みを進める中、社会的にもSDGsの考え方がかなり浸透してきていることだ。女性活躍、働き方、健康福祉――どれも日本の先を行くが、中でもよく知られるのがキシリトールの社会普及を背景とする歯と口腔の健康である。この領域において本格的にフィンランドをベンチマークすることを決定したのが、日本でキシリトールの普及活動に長年尽力してきたロッテだ。

キシリトールが日本に上陸してから20年以上が経過し、その認知率は89.5%に達する。しかしながら、キシリトールの具体的な特徴を知っている人は25.5%台。大半が「なんとなく、歯にいい」という理解までしかされていない状況だ。実際、「歯と口の健康のためにキシリトールを生活に取り入れている人の割合（国内）」は32%にすぎない。いっぽうフィンランドでは、なんと国民の94%が「歯の健康のためにキシリトールを摂取した経験」があり、18歳以下の子供がいる家庭の67%が日常的にキシリトールを摂取している。長年、キシリトールの素材研究を積み重ねてきたロッテは、健康的な歯でいつまでも笑っていてほしいとの思いのもと、「歯磨き・フッ素・キシリトール」に「定期的な歯科健診」を加えた習慣を日本でも普及させていく取り組みとして「その歯と100年。キシリトールプロジェクト」を発足する。

新プロジェクトでは、地域の歯科医師会と連動し、「歯磨き・フッ素・キシリトール＋定期健診」を啓発し、リーフレット等の啓発ツールも配布。「いい歯の日」（毎年11月8日）に幼稚園・保育園へキシリトール入りタブレットのサンプリングを実施し、フィンランドをお手本に独自開発したキシリトールサーバーも提供する。これらのパッケージ活動を日本全国の自治体と連携し広げていき、フィンランド同様の社会インフラを構築するのが狙いだ。その第一弾が、「スマートシティ会津若松」を掲げる福島県会津若松市。同市は市民の更なる健康増進における取り組みとしてロッテに協力。ロッテは会津若松市内の保育園・幼稚園10園にキシリトール入りタブレットの提供を開始した。

プロジェクトの発表は、全国の自治体の関心を集めている。多くの自治体にとって、市民中心の持続可能な社会構築は、中長期的な重要課題だ。その具体的な取り組みとして「その歯と100年。キシリトールプロジェクト」を検討する自治体が広がりつつある。2021年に向けては、複数の自治体との協議が進んでおり、プロジェクトは2023年までに10自治体との連携を目指し、最終的には2028年までに歯の健康のためにキシリトールを生活に取り入れている人（国内）を現行の32%から50%まで引き上げる。日本をフィンランド化する大計画――民間企業と自治体が手を組む、日本型SDGs推進の取り組みの成否が注目される。

図表 3-3　保育園・幼稚園にキシリトール入りタブレットとサーバーを提供

画像提供：ロッテ

ルを生活に取り入れている人の割合（国内）」という項目を追加した。具体的には、現状の32％を２０２８年までに50％に引き上げようという計画だ。

　ロッテからキシリトールガムが発売されたのは１９９７年。20年以上を経て、そのブランド認知度はおよそ90％と、「日本人ならほぼ誰もが知っている」レベルだと言えよう。ところが、素材としてのキシリトールの具体的な機能を理解している人は30％に満たない。つまり、「知ってはいるけれど、具体的な虫歯予防の機能はもうひとつわかっていない」人が多いというわけだ。このため、ロッテは２０１８年より、「その歯と１００年。キシリトール。」のスローガンのもと社会啓発を進めていた。

　こうした背景が、２０２０年10月に発表された「その歯と１００年。キシリトールプロジェクト」の発足につながる。「むし歯のない社会。」を自治体と共創していこう、というのがその主旨で、まずは福島県会津若松市の10カ所の保育園・幼稚園にキシリトール入りタブレットとサーバーの提供を開始した。「スマートシティ会津若松」を推進している同市ならではの、市民のオプトインデータの活用なども検討される。同様の取り組みを、２０２３年までに全国10自治体に広める計画だ。

プロジェクトの展開にあたって、ロッテ社内ではナラティブスクリプトが検討された。この取り組みは、まさに企業、自治体、医療従事者、生活者（市民）の「共創構造」がカギになる。そのためには、プロジェクトを社会的なナラティブとして捉え、しっかりと合意しておく必要がある。

キシリトールの「故郷」であるフィンランドのＳＤＧｓ達成度は世界でも群を抜いており、歯の健康のためのキシリトール摂取率はなんと94%だ。その背後には、企業と地域社会が連携する共創構造があり、日本はそれをベンチマークすべきという大局的な課題設定があるべきだ。

そして重要なのが、ロッテの自分らしさ（オーセンティシティ）だ。「なぜ、それをロッテがやるのか？」という問いへの答えもスクリプトの中では明確にする。そして、誰をどのように巻き込んで、物語的な共創構造が進むのか、という将来仮説。このナラティブスクリプトが、中長期的に続くプロジェクトの指針となる。

プロジェクトは開始されたばかりではあるが、ロッテはその手応えを感じている。発足は好意的に報道され、協業に強い関心を示す自治体も現れた。また、導入が開始された会津若松市のスーパーでは、キシリトールの売り上げが二ケタ以上（前年比１１０％）上昇を示すなどマーケティングの側面での成果も見え始めた。

ロッテの取り組みはまだ始まったばかりだが、今後多くの日本企業が後に続くだろう。ＥＳＧ経営は企業の最重要課題のひとつであり、お題目を「掲げる」だけではなく、それを具現化し共創構造をつくるには、ナラティブの観点が不可欠なのである。

ユニ・チャームの事例

「生理について気兼ねなく話せる社会」をつくろう

日本だけの話ではないが、日本社会では「生理」は公で話すことではない、隠すべき話題であるとタブー視する風潮があり、それゆえ日本女性の生理用品への関与度も低い傾向にある。話題にすること自体がタブー視されているので、普段の生活のみならず、ＳＮＳ上でも生理と生理用品は議論になりにくく、拡散もしにくいのが現状だ。それがジェンダー平等の観点からも、女性の生きづらさの問題にもなっている。

そこでユニ・チャームは、「生理について気兼ねなく話せる社会」を目標に掲げたプロジェクト「#NoBagForMe」を２０１９年に立ち上げ、その活動は２０２１年時点でも続いている。これはユニ・チャームという会社やソフィというブランドのためだけの活動というよりは、ＳＤＧｓ文脈におけるジェンダー平等の達成を組み込んだ企業活動である。「生理について気兼ねなく話せる社会」をつくろうという目標が、このナラティブのタイトルとも言えるだ

ユニ・チャームは2019年に「#NoBagForMe」プロジェクトを立ち上げた

パッケージ・リデザインでは「紙袋に隠さなくてもいいと思えるデザイン」
を投票で決めた

画像提供：ユニ・チャーム

ろう。

なお、プロジェクト名「#NoBagForMe」は「私は、紙袋はいりません。」を意味する。日本では生理用品を購入するとき、そのパッケージを隠すために大抵はレジで紙袋に入れられて渡される。この習慣を、生理をタブーとする意識の表れと捉え、この習慣に疑問を投げかけることで、社会全体の生理に対するタブーの意識を変えていこうというメッセージも込められている。

このような意味を持つプロジェクト名からもわかるとおり、このプロジェクトでは、日本女性の生理用品への関与度が低い原因は、女性当人の無関心ではなく、社会全体の生理への無理解や無関心が根底にあると捉えている。そこで、当事者である女性だけでなく社会全体が生理について正しく理解し、適切に会話ができる環境をつくり出すことを大きな課題と設定した。

目標を達成するために注意したのが、影響力をもって共感を呼べるプロジェクトメンバーのキャスティングとリレーションデザインだ。生理は世間的にはタブー視される話題である上に、パーソナルな話でもあるので、人によって対する意識が異なる。つまり、非常にデリケートで炎上しやすいテーマだということだ。

そこで初年度である２０１９年は、今の若い女性の気持ちを代弁でき、このプロジェクトに参加している意義を自分の言葉で語れるインフルエンサーを中心にすえ、「女性一人ひとりの選択肢を広げる」ための活動という印象づくりに注力。トークイベントやワークショップなどの活動も積極的に行った。

図表3-4　企業向け「みんなの生理研修」プログラムを開発

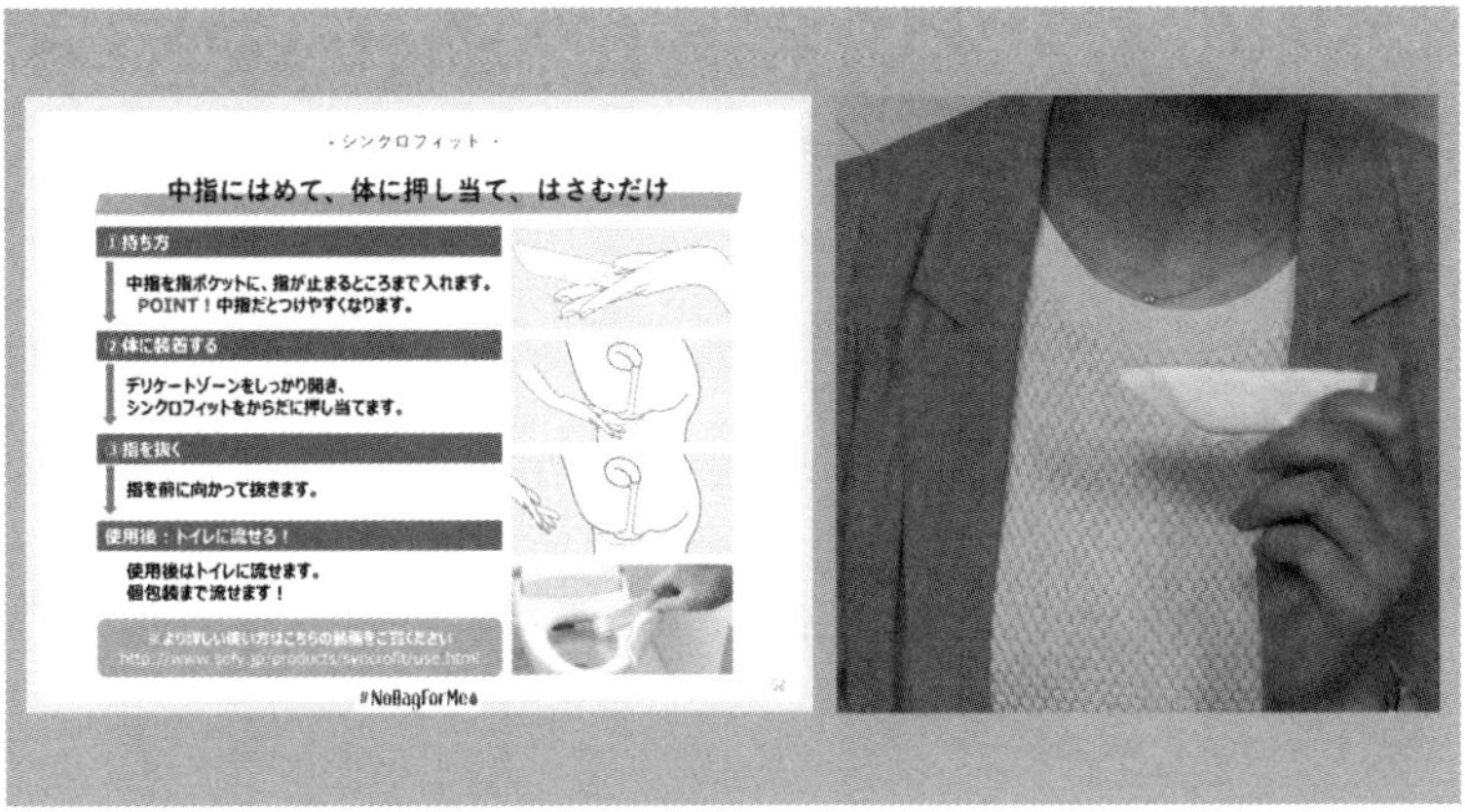

画像提供：ユニ・チャーム

その中でもパッケージ・リデザインを決めるキャンペーンは、プロジェクト名「#NoBagForMe」が示すように、紙袋を断るきっかけになるような「紙袋に隠さなくてもいいと思えるデザイン」を投票で決めるもので、一般のＳＮＳユーザーに投票を呼びかけるなどしてＳＮＳ上で展開した。会話やメディア露出を増やし、それを通じて生理について発信しやすい土壌をつくったことで、５万票を超える投票がされるほど盛り上がった。

２年目の２０２０年は、生理を個人の問題から社会の課題に拡張するため、女性芸能人や婦人科医、男性起業家など幅広い分野のメンバーを加え、課題解決のパートナーとして巻き込みながら、多様な視点と中長期的な協業の地盤の形成につなげる。

その取り組みのひとつとして、企業向け研修プログラム「みんなの生理研修」を開発する。

というのも、会社の制度としての生理休暇の取得率は０・９％（２０１４年）という実施状況で、制度がほぼ存在しないと等しかったからだ。

そこで、人事部や総務部へのアプローチを通じて、「企業で働く上で知っておいた方がいい情報」として生理の基礎知識を講義形式で学べるようにした。これは、社内の男女間、上司部下の間での生理に関する対話や、生理休暇などの制度の見直しを促すための活動で、参加企業を募って実施された。

この研修受講者の満足度はなんと平均93・４％。他企業への実施推奨度は94・２％と高評価を受ける。研修を受講したある会社では、受講後に若手女性社員が役員と直談判し、形骸化していた無給の生理休暇を有給休暇へと制度変更するに至ったそうだ。

これらさまざまな活動が実を結び、このプロジェクトを契機に全国紙の一面で「生理」が取り上げられたほか、地上波報道番組、女性誌、トレンドメディアなど多様なメディアで「生理」に関連するトピックが増加した。

そしてなんと、現代人として必要と思われる用語や新語を加えて編集される『現代用語の基礎知識２０２０』（自由国民社、２０１９年11月刊行）に「#NoBagForMe」が掲載される。加えて、タブー視されていたテーマを解放し女性のＱＯＬ向上に寄与したとして、２０２０年企業広報大賞（一般財団法人 経済広報センター）を受賞する。

また、日本女性の生理用品への関与度にも目に見えた成果が表れた。欧米諸国の使用率８割と比べて長らく約３割と低く止まっていたタンポンの「ウェブ経由で接触した情報」によるトライアル率が3倍に伸長し、テレビＣＭや家族・友人からの口コミ効果を超えたのだ。

なお、ＳＮＳ上での「生理」に関する会話や投稿量は２０１８年は75万３６２０件だったのが、２０１９年では１４７万４５７３件と前年と比べて倍増した。

さらに、テレビ東京と制作した地上波初の生理をテーマにした特番「生理 ＣＡＭＰ２０２０」が、深夜2時台の放送にもかかわらず翌朝ＳＮＳでトレンド入り。好評を受けてユーチューブ配信も行う。

ユニ・チャームの「#NoBagForMe」プロジェクトは、ＳＤＧｓのジェンダー平等の達成を組み込んだ企業活動で、「生理について気兼ねなく話せる社会」を目標に、当事者である女性や周囲の人、そこから社会全体へとさまざまなステークホルダーのナラティブを巻き込んだ息の長い活動であり、他業種との共創構造をも生み出しているナラティブのお手本とも言える事例だ。

そしてこれは、かつては薬局の奥に隠すようにして販売されていた生理用品を欧米諸国のように棚に陳列して販売し始めたり、日本初の生理用品のテレビＣＭに挑戦したりしてきたユニ・チャームだからこその「信念と行動の一貫性」そして「オーセンティシティ」に裏打ちされた深いナラティブの成果でもあるのだ。

メルカリの事例

創業の原点は「なめらかな社会を築く」

２０２０年に行われた調査によると、国内のＣｔｏＣサービス利用経験者の約52％が「メルカリ」を利用しているという。利用者は月間１８０２万人。その運営会社である株式会社メルカリ（以下、メルカリ）は、２０１３年創業のまだ若い会社だ。２０１８年には東証マザーズに上場、年間流通総額は６２００億円を超え、２０２０年12月には累計出品数が20億品を突破するなど、その成長は破竹の勢いだ。

同社のミッションは「新たな価値を生みだす世界的なマーケットプレイスを創る」。しかし取締役President（会長）兼 株式会社鹿島アントラーズ・エフ・シー代表取締役ＣＥＯの小泉文明氏によると、実はその一つ前に、別のミッションがあったのだそうだ。それは「なめらかな社会を築く」。スマートフォンやネットワークなどのテクノロジーの力で社会の障壁を取り除くことで、不均衡だったものがつながり、社会がなめらかになっていく。そうやって社会を良くしていこう、という考えだ。

「この考えは、メルカリ創業者である山田進太郎の創業ストーリーに直結した、パーパスの原点だと思います」と語るのは、ブランディングチームマネージャーの田原純香氏。メルカリ創業前、代表取締役ＣＥＯ（社長）である山田氏が半年ほど世界一周の旅をしていた際に訪れ

図表 3-5　「循環型社会の実現」に向けたメルカリの 5 つの取り組み

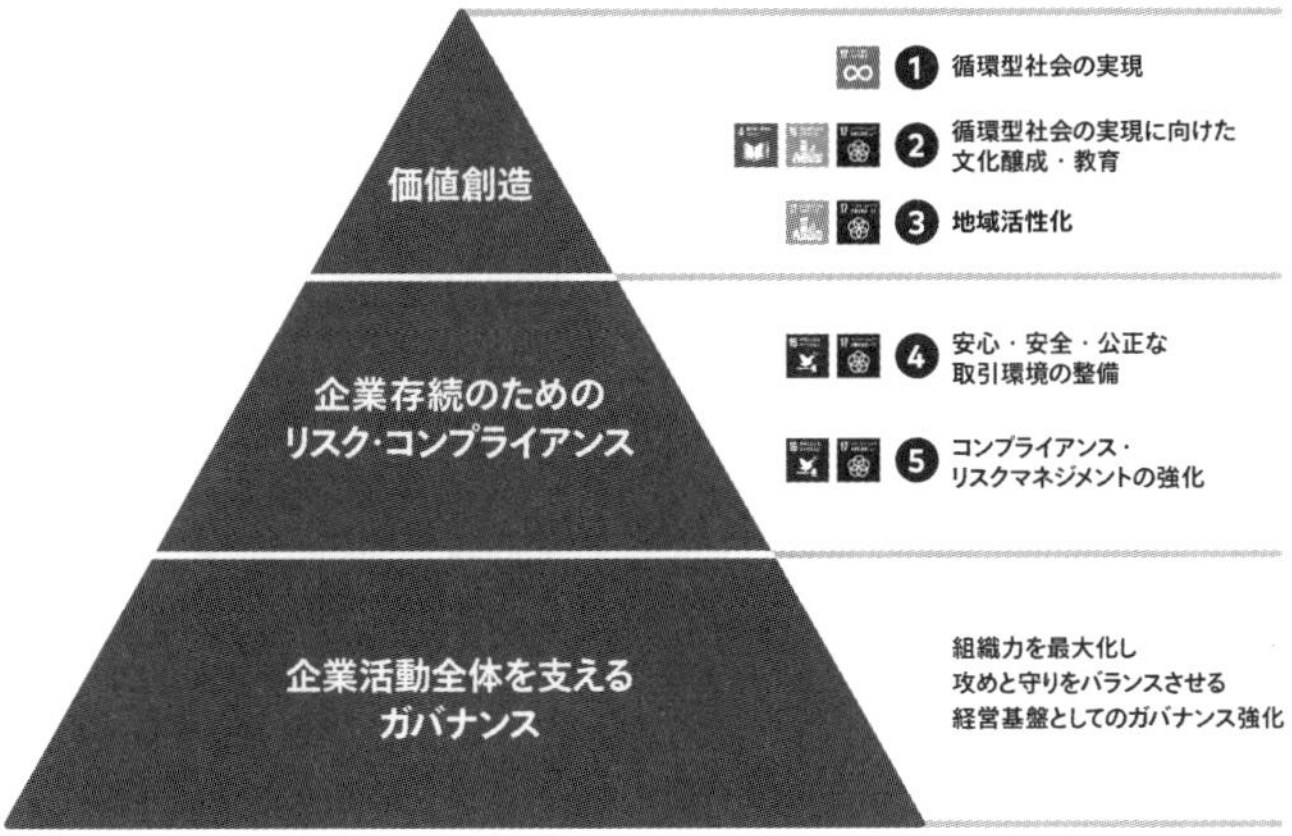

出所：メルカリ HP

た新興国で見た風景、それがメルカリの原点だ。

　山田氏は新興国で、スラムに暮らしていたり、日々の労働のために教育を受けられなかったりする子どもの姿を数多く見た。この経験から「今の先進国のような資源の使い方をしていたら、世界中の人が豊かに暮らすことはできない。限りある資源を循環させ、より豊かな社会をつくりたい」とメルカリを創業した。

　同社はその原点を実現するため、まずはサービスをいかに人々に使ってもらえるものにするかにフォーカスして企業を成長させてきた。そして社会的にもサスティナビリティや循環型社会に注目度が高まり、国内で10人にひとりが「メルカリ」というサービスを使うまでになったタイミングである2019年にあらためて「限りある資源を循環させ、よ

図表 3-6　リユース可能な梱包材「メルカリエコパック」を開発

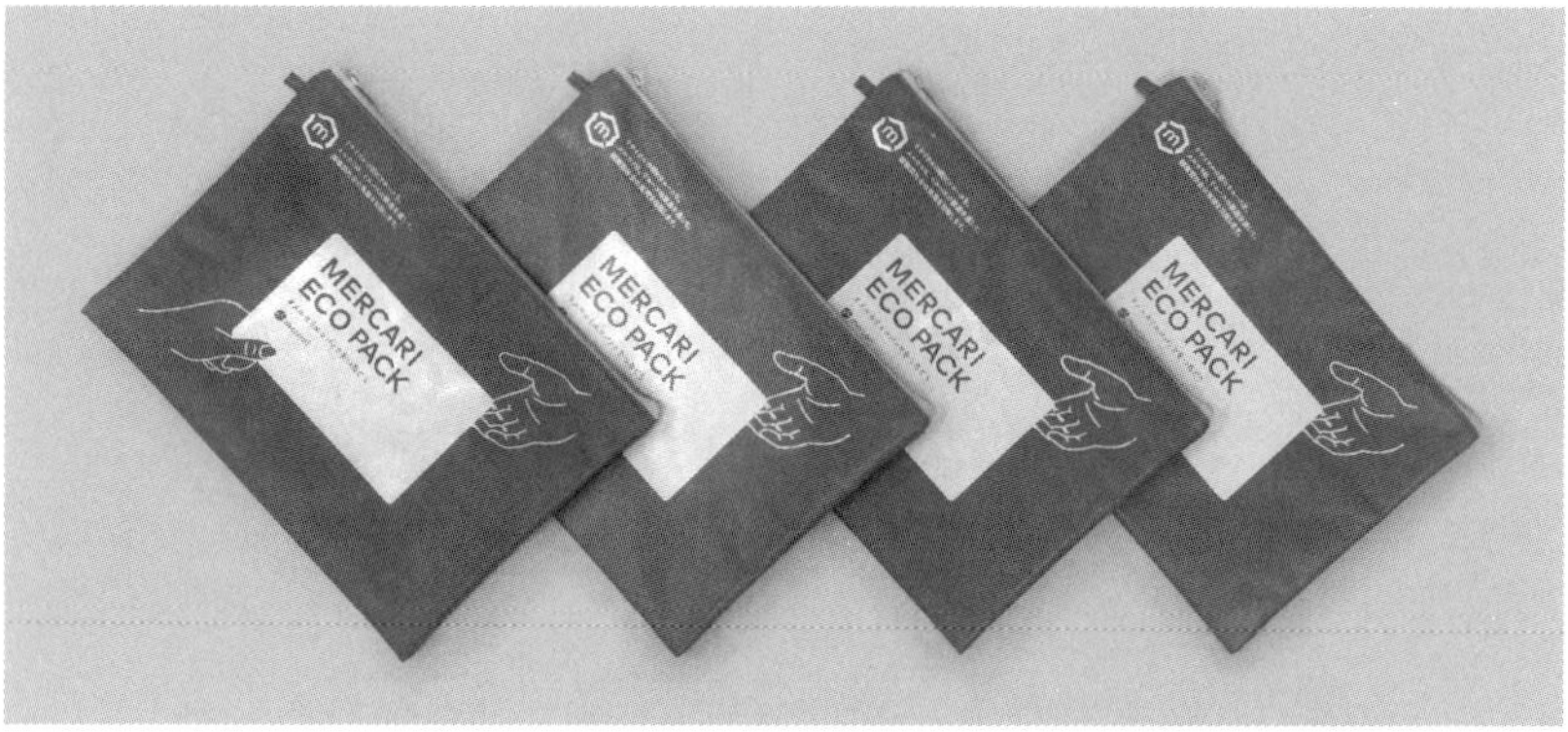

画像提供：メルカリ

り豊かな社会を。」というパーパスを打ち出し、ESGの活動に取り組み始めた。

　掲げられたテーマは「循環型社会の実現」「循環型社会の実現に向けた文化醸成・教育」「地域活性化」「安心・安全・公正な取引環境の整備」「コンプライアンス・リスクマネジメントの強化」の5つである。

　この活動を伝えるために最初にしたことは、サスティナビリティに関するサイトを開設し、手探りではあるが、自分たちで、同社が大切にしている原体験のストーリーを丁寧に伝えること。その飾り気のない〝想い〟は投資家にも伝わり、メルカリ創業の原点を軸として、社会への貢献や企業成長の話を始めることができたという。いわゆるCO_2排出量や女性比率の目標といった数字を最初に出して、評価を得ることは、避けたのだそうだ。

　2020年には具体的なアクションも起こして

いる。例えば、循環型社会をつくっていきたいという想いを世の中に浸透させるための活動として、リユース可能な梱包材「メルカリエコパック」の開発や展開、ものとお金の価値を学ぶ小学生向けプログラムの開発、20年後の価値交換を考える高校生向け課題解決型学習（PBL）教育プログラムの実施などだ。いずれも、循環型社会への取り組みを、楽しく自分ゴトに置き換えて考えられるように工夫した施策である。

もちろん社員に対しても、メルカリの原点を浸透させるための試みを行っている。例えば、B級品と呼ばれる、使えるけれども廃棄されるマグカップを同社が買い取り、それを使ってオリジナルのマグカップをつくる社員向けのワークショップだ。

メルカリが何を目指す会社なのか改めて感じてもらうために、オープニングで山田社長の原体験の話や、社内で大量に捨てられている廃棄ペットボトルの写真を見せ、問題意識を醸成する工夫をした。ワークショップ終了後、参加者にアンケートをとったところ、9割がメルカリの目指すパーパスやブランドへの理解が深まったという。マグカップのワークショップはその後、ユーザー向けにも開催し、循環型社会についての理解を深めてもらったそうだ。

なお、メルカリでは社外的なアクションはできるだけ社員にも体験してもらっているという。それによって、ユーザーだけでなく社員にも、循環型社会を目指すための同じ体験＝共体験を感じてもらうためだ。例えば２０２０年に開催されたオンラインイベント「メルカリハロウィンアワード」にももちろん社員が参加し、ユーザーと同じ目線でイベントを盛り上げたそうだ。

こうした活動は、ナラティブの「共体験」として機能している。同社のような大きなパーパスを目の前にすると、ユーザーも投資家も社員も、つまりすべてのステークホルダーはみんな同じであるという視点に帰結する。アクションはシンプルな方が伝わる。すべてのナラティブの起点はパーパスにある。

田原氏は「あらゆるステークホルダーと企業の間で〝こういう社会だったらいいよね〟という点で共感し、共感したものが自分の物語になり、共体験となる――そこまで落とし込んでこそ、ブランディングは成功であり、ナラティブなワークができたと言える」と語る。そして、ここで紹介したアクションはすべて、みごとなくらい創業の原点から派生している。

パーパスに共感してくれた投資家との中長期的な関係性の構築や、「メルカリエコパック」のようなわかりやすいアクションだけではない。教育プログラムの開発や提供は、中長期的視点では循環型社会に共感してくれる人の数を増やす取り組みだ。そして何より、パーパスに共感してくれる社員が増えることが、同社をより強くしてくれるだろう。

冒頭に登場した小泉氏は、「メルカリには余白がある」と語った。パーパスに共感したあらゆるステークホルダーが、自分ゴトとして関わる余白があるということだ。これはナラティブカンパニーを考える上で大きな示唆となるだろう。

3 ビジネス・トランスフォーメーション：変革を進めるナラティブ

攻めのＤＸに待ったなしの日本企業

今、日本の企業の間では、「ＤＸ（デジタルトランスフォーメーション）」の話題が花盛りだ。これは、経済産業省が２０１８年に「２０２５年の崖」――２０２５年までにシステムの刷新をしないと、年間最大12兆円の経済損失が発生する可能性――を提言したことに端を発する。

それからというもの、ビジネス界では聞かない日はないほど、「ＤＸ」はバズワードとなった。これは一見、急速に日本でもＤＸへの認識が高まり、ＤＸへの取り組みが加速しているように見える。しかし実は、そこに大きな課題がある。

ＤＸの本質は「Ｘ」の部分――transformation（英語圏ではtransをXと略すのが一般的）にある。つまり、「Ｘ＝変革」。ところが、今、日本の企業間に喧伝されているＤＸは、表層的なデジタル化に留まっているケースが少なくない。

これには理由がある。コンサルティング会社マッキンゼー・アンド・カンパニーのレポートは、日本ではデジタル思考で事業デザインができる人材が不足していると指摘する。ＩＴに詳しかったりシステムがわかっていたりすることと、デジタル志向でビジネスができることは意味がまったく違うのだが、日本では後者のような、デジタル志向でビジネスをデザインし、プロジェクト全体を回せる人材が決定的に不足しているのだ。

加えて、日本特有のシステム外注文化などの弊害で、日本のＤＸが単なる「デジタル改善」に留まっていることも、日本企業のＤＸが本質から乖離している理由だ。海外の多くの企業は社内のＩＴ部門がアプリケーションを開発し、それを導入して管理しているが、日本では外部ベンダーに発注しているケースが多い。世の中のニーズや最新技術に素早く対応したシステム開発など望むべくもなく、どうしても業務改善、デジタル改善という「守りのＤＸ」になってしまう。この課題に、日本企業もようやく気づき始めている。

そして日本の悪い癖として、ＤＸが宣伝ワード化していることも、本来のＤＸが矮小化されてしまう要因だろう。「企業のＤＸ推進を支援します」という売り文句は溢れており、かつての〝ビッグデータ〟や〝クラウド〟と同じ風景がそこに広がる。海外で提唱された新しい考え方や思想が、日本に入ってくると旧来型のビジネス慣習の枠組みの中で宣伝文句として使われてしまう。

変革のプロセスを加速させるナラティブ

本質的なＤＸとは何か。そもそもの意味は「産業革命」に近い。社会インフラ＝世の中の改革であり、そういう意味では、本来は政府が主導するべきことだ。企業だけ、つまり個社だけの話ではない。やっと２０２１年にデジタル庁が創設されるが、まだまだ日本では個社のデジタル課題解決の範疇にとどまる。

ＤＸの本質である変革、ビジネス・トランスフォーメーションとナラティブは表裏一体である。

まず、どちらも起点となるのは「パーパス」だ。本書のＰＡＲＴ２で解説したように、ナラティブの起点はパーパスであり、ナラティブはパーパスの具現化だと言える。そして、あらゆる変革はパーパスなしには起こりえない。

さらに、変革の規模が大きくなればなるほど、多くのステークホルダーが深く関わってくる。経営者一人がどれだけ旗を振ったところで、真のＤＸは進まない。ＤＸはそもそも共創構造であるべきなのだ。

そして、変革の持つ「物語性」。『Narrative Economics（ナラティブエコノミクス）』の著者であるロバート・シラー教授が、「ナラティブが語り継がれて経済へのインパクトを与える」と説いているように、現在まで連綿と語り継がれている政治的な革命や産業革命など、歴史上の大きな変革は、それ自体が物語性を持っている。変革自体が記録され、記憶され、語り継がれ、物語性を帯びるものだからだ。つまり、変革のプロセスそのものがナラティブであるべきなのだ。

「世界のトランスフォーメーション企業を見渡すと、日本企業とは景色がまったく異なります。新規投資の半分以上をデジタルに振る、超攻めのＤＸが当たり前です。その背後にあるのが、ＭＴＰ（Massive Transformative Purpose）と言われる、社会を変革しようとする大胆、野心的なパーパスの存在です」。ファミリーマートのＤＸ責任者などを務めた、ＤＸ ＪＡＰＡＮ代表の植野大輔氏は言う。

「注意したいのは、自分たちを変革するのではなく、社会や産業をデジタル、テクノロジーで変革しようという気概が企業にあることです。つまり、自分たちが変革することが主ではなく、社会を変革することが〝主〟で、自分たちの変革は〝従〟なのです。そんなスケールの大きな社会変革に果敢に挑めるのも、パーパスがあるからにほかなりません。日本企業の最大の課題は、デジタルやテクノロジーの専門性、知見ではなく、社会変革の熱量を持った大胆なパーパスを持ち、それをナラティブとして世の中に展開できるリーダーの欠如に行きつきます」。

ここで、コンサルティング会社である米イノサイト社の「The Transformation 20」（２０１９年度版）のランキングを見てみよう。過去10年で最も変革を遂げたトップ企業が並ぶこのランキングは、新たな製品やサービスだけでなく、新たな市場、新たなビジネスモデルの創出にどれだけ貢献できたか、そしてレガシー事業を、その市場における変化にどれほどうまく適応させたかなどを指標として作成されている。つまりデジタル業務改善ではなく、この10年で事業、そしてビジネス自体をデジタル発想で変えたグローバル企業群なのだ。

取り上げられている20社は、やはりというべきか、アドビやマイクロソフト、シスコなどの米国

図表3-7　米イノサイト社の「The Transformation 20」(2019年度版) ランキング

企業名	新規成長分野の総収益に占める割合：%	変革年以降の年平均成長率：%（ベンチマークの年平均成長率：%）
1. ネットフリックス* (米)	オリジナルコンテンツ：44%	2012年以降の年平均成長率：59%（S&P500：10%）
2. アドビ* (米)	「デジタルエクスペリエンス」：27%	2009年以降の年平均成長率：26%（S&P500：10%）
3. アマゾン* (米)	アマゾン・ウェブサービス：11%	2009年以降の年平均成長率：39%（S&P500：10%）
4. テンセント (中)	フィンテック、交通・輸送：25%	2011年以降の年平均成長率：32%（ハンセン株価指数：1%）
5. マイクロソフト* (米)	インテリジェントクラウド：29%	2010年以降の年平均成長率：17%（S&P500：9%）
6. アリババ (中)	フィンテック、スポーツ、エンタテインメント：14%	2013年以降の年平均成長率：8%（NYSE：1%）
7. エルステッド (デンマーク)	洋上風力発電：37%	2017年以降の年平均成長率：30%（OMX コペンハーゲン：0%）
8. インテュイット (米)	「オンライン・エコシステム」：14%	2012年以降の 年平均成長率：22%（S&P500：10%）
9. 中国平安保険グループ (中)	フィンテック、医療テック：6%	2012年以降の年平均成長率：17%（上海総合指数：2%）
10. DBSグループ (シンガポール)	グローバルデジタルプラットフォーム：48%	2013年以降の年平均成長率：12%（シンガポール取引所：−1%）
11. A.O.スミス (米)	水関連技術：100%	2009年以降の年平均成長率：25%（S&P500：10%）
12. ネステ (フィンランド)	再生可能燃料：70%	2010年以降の年平均成長率：24%（OMXヘルシンキ25：7%）
13. シーメンス (独)	「デジタルファクトリー」イニシアチブ：26%	2012年以降の年平均成長率：8%（ドイツDAX指数：8%）
14. シュナイダーエレクトリック (仏)	IoTによるソリューション：22%	2012年以降の年平均成長率：8%（S&Pグローバル100：6%）
15. シスコ (米)	サブスクリプション型アプリケーション：43%	2010年以降の年平均成長率：9%（S&P500：9%）
16. エコラボ (米)	水・エネルギー関連サービス：44%	2011年以降の年平均成長率：16%（S&P500：9%）
17. 富士フイルム (日)	ヘルスケア、医療用画像診断：18%	2010年以降の年平均成長率：7%（東証1部：6%）
18. AIAグループ (中)	ウェルネス、病気予防：10%	2013年以降の年平均成長率：15%（MSCI香港：2%）
19. デル・テクノロジーズ** (米)	インフラ、セキュリティ：51%	2013年以降の年平均成長率：29%（S&P500：11%）
20. フィリップス (オランダ)	ヘルスケア：65%	2014年以降の年平均成長率：6%（S&P500：6%）

*：2017年トランスフォーメーション10を受賞した企業
**：デルの年平均成長率は上場期間を含む

出所：Innosight “The Transformation 20” (2019) をもとに作成

企業が多い。テンセントやアリババなどの中国企業も4社ランクイン。日本企業では富士フイルムが17位と健闘している。

そしてこのランキングを眺めると、ナラティブカンパニーの片鱗をうかがわせる企業がいくつかある。例えば1位のネットフリックスや3位のアマゾン。アマゾンは後で取り上げるが、企業としてのネットフリックスをナラティブの視点から考えてみよう。

ネットフリックスの事例

世界一の変革企業に見るナラティブ性

１９９７年に世界で初めてオンラインでのＤＶＤレンタルサービスを始めたネットフリックスは、２００７年にコアビジネスをストリーミング配信サービスに移行する。２０１２年には、米国で放送される優れたテレビドラマやテレビ業界への功績を讃えるエミー賞の、技術開発部門であるプライムタイム・エミー・エンジニアリング賞を受賞。ストリーミング配信を世に広めた功績が認められる。

その一方、既存の作品の配信だけでなくオリジナル作品の制作も開始する。有名俳優や監督を起用したり、巨額の製作費を投入したりしたことでも話題を呼び、いくつものヒット作品を出している。エミー賞を受賞するような作品を複数生み出したことで、映像コンテンツ制作会社としての地位も確立した。

今や１９０カ国２億人もの会員数を持つネットフリックスの成功物語は、さまざまな記事や書籍などでも語られ分析されているし、同社が制作し配信する質の高いコンテンツの話題に目がいきがちになる。しかし僕は、企業としてのネットフリックスに、本書のプロローグで触れたアップルの「１９８４」のようなナラティブ性を感じる。

アップルがＩＢＭをビッグ・ブラザーと見立てて、「computers for the rest of us（残された我々のためのコンピューター）」というナラティブ、ユーザーとの共創構造を持っていたのと同じように、ネットフリックスは娯楽のＤＸの代表格でありつつ、「新しいエンターテインメントのかたちをつくる」というナラティブ、そこに共感したステークホルダーとの共創構造を持っている。

従業員との関係もそうだ。同社はユニークな人事制度や従業員との関係性でも有名で、ネットフリックスの成功の秘訣をカルチャーという切り口で解説した『ＮＯ ＲＵＬＥＳ 世界一「自由」な会社、ＮＥＴＦＬＩＸ』（リード・ヘイスティングス、エリン・メイヤー著、日本経済新聞出版）という本も話題になった。

ここで注目したいのは、同社では上司が従業員を「コントロール」するのではなく、「コンテクスト（文脈）」によって業務を進めるという点だ。部下に事細かに指示するのではなく、状況や背景や経緯などのコンテクストをはっきりと示すことが上司の仕事で、部下の自立した意思決定を促すという訳だ。

そもそも、コンテクストとナラティブは切っても切り離せない。ナラティブ＝物語的共創構造を目で見ることはできない。しかしそれがもし、（透明なキャノピーのように）上から覗けるものだったら、そこにあるのはたくさんの「コンテクスト」のはずだ。企業のコンテクスト、社会のコンテクスト、生活者のコンテクスト――あなたの、私のコンテクスト。つまり、ナラティブとは、重層的なコンテクストの上に成り立っている。

先に触れたメルカリの事例を思い出してほしい。メルカリでは「循環型社会をつくる」というパーパスに社員も共感し、共創構造となっていると解説したが、ネットフリックスという企業にも同じような構造があるはずだ。

米イノサイト社のランキング「The Transformation 20」のレポートでは、２０１３年にネットフリックスCEOのリード・ヘイスティングスが従業員と投資家に発表した文書に書かれていた次の一文、「（ネットフリックスは）単なるデジタルコンテンツの配信を超えて、エミー賞やアカデミー賞を獲れるようなオリジナルコンテンツの制作で先頭を走る会社になる」という決意を取り上げている。

ネットフリックスの成功を後押ししたのは、自社の文化に高次のパーパスを吹き込んだからだとそこでは分析されている。世界一の変革を果たした企業もまた、ナラティブカンパニーなのだ。

ネットフリックスの従業員向けに公開されているページに、こういう記述がある。

「星の王子さま」の著者アントワーヌ・ド・サン＝テグジュペリの次の言葉が、私たちの道標です。

船を造りたいのなら
人を呼んで材木を集めさせたり
仕事を割り当て
命じる必要はありません。
代わりに、果てしなく続く海への
憧れを説いてやりなさい。

ネットフリックスが道標とするこの素敵な言葉は、明らかにナラティブに通じている。

デジタルネイティブなＤ２Ｃモデル

さて、ＤＸ推進に躍起になる大手企業だが、変革に迫られる企業を尻目に、生まれつきＤＸが完了しているかのような企業群もある。その代表格が、ここ数年で注目される、いわゆる「Ｄ２Ｃ企業」だ。

D2Cとは「Direct to Consumer」の略で、「自社企画の商品を消費者にダイレクトに販売するモデル」を指す。米国で主にアパレルや化粧品の領域で台頭し、その大きな波は日本にも及んだ。D2Cの特徴と言えば、SNSとの相性の良さや、リアル店舗を持たないことがよく挙げられる。しかし、最も重要なポイントは、**D2Cが「ナラティブである」**ことだろう。

D2Cブランドの多くには、ブランドと消費者が共創する「物語」がある。企業と顧客というよりは、「共犯者」のような関係だ。流通しているのはプロダクトでも、そこにはブランドと顧客がつくる物語と世界観があり、それによって特別なつながりができあがる。その共創関係を通じて、プロダクトも磨かれていく。

その代表格とも言えるのが、米国のグロシエだ。創業は2013年。2019年には1億ドルを調達し、評価額12億ドル（およそ1300億円）でいわゆるユニコーン企業となった。若き創業者のエミリー・ワイズは、もともと『VOGUE』などのファッション誌のエディターで、仕事のかたわら始めたブログが人気になり、共感した人たちを巻き込みながらやがて商品開発もするようになった。

グロシエの世界には、モデルやセレブリティは登場しない。「真の美しさ」を追求するグロシエのサイトでは、いわゆる普通の女子がリアルな使用感を語る。そこには、ユーザーを憧れさせるブランドストーリーもない。生まれながらにナラティブなブランドであり、共創構造の中で発展してきた企業なのだ。

グロシエが示すように、D2C企業は総じてナラティブカンパニーだと言える。そして、前述したようにその波は日本にも押し寄せ、多くのＤ２Ｃブランドが登場し始めている。

objcts.io の事例

自分たちが欲しいと思うバッグをつくる

objcts.io はそもそも「自分や自分の世代が欲しているレザープロダクトがない」という創業者の思いから始まったブランドだ。同社の代表・沼田雄二朗氏が前職の土屋鞄製造所（以下、土屋鞄）に在籍していた当時、同僚で職人だった角森智至氏（現objcts.ioデザイナー）と一緒に、遊び感覚で自分たちが欲しいと思うものを作っていたのだ。例えば、ｉＰａｄやレコードを入れるケース、自転車のサドルの下に取り付けるバッグなどを、こういうものが欲しいから作ってよ、という感じで作っていたのだそうだ。

いまや同ブランドの人気製品であるバックパックは、その延長で出来上がったもの。ノートＰＣやｉＰａｄなどのデバイスをスタイリッシュに収納できる、上質感あるレザープロダクトを作りたい、という欲求が始まりだ。

このバックパックが彼らの周囲で評判となる。「ひょっとしたら、このプロダクトをきちんと開発すれば、ブランドを立ち上げられるかもしれない」。そう思った沼田氏らは、土屋鞄代表の土屋成範氏の応援を得つつ２、３年かけてバックパックを開発。２０１８年11月、ついに正式にローンチした。

ちなみに、これがこのブランドのユニークなところだが、実はローンチ前の一年間、彼らはバックパックのテスト販売をやっている。目的は、使った人からのフィードバックを得ることだった。

同ブランドはレザープロダクトの質感やシルエットといった審美性のほかに、機能性も重視している。そこでまずは友人にプロトタイプとして販売し、使ってもらってから、審美性や機能性についてのフィードバックを数多く集め製品のブラッシュアップに役立てたのだ。さらに、テスト販売したバックパックを希望者から回収し、より美しいシルエットを保てるよう部品を交換して持ち主に戻すということもやっている。

顧客の声をベースにプロダクトを改善していくことは、創業時だけでなく今でも継続しており、商品を購入した顧客の声をベースに、アップデートを行うこともあるそうだ。そうして出来上がったobjcts.ioというブランドは「考える人のためのワードローブ」をミッションとしている。思考を重ねて社会を動かす人に向けた、「新しいラグジュアリー」としてのプロダクトを作りたい、という彼らの意志が込められている。

さて、脇道に逸れるが、ここで「ラグジュアリー」とはどういうことか、少し触れてみたい。ラグジュアリーとは、そのまま辞書を引けば「贅沢な」や「豪華な」という意味だ。バッグならヨーロッパの高級ブランドを連想するだろう。また、豪華な施設や設備を備え、質の高いサービスを提供する最高級ホテルをラグジュアリーホテルとも呼ぶ。しかし近年、とくに若いビジネスパーソンの言う「ラグジュアリー」は定義が変わってきているという。

沼田氏は、スタイリッシュでありながら宿泊料金はAirbnb（エアビーアンドビー）などの民泊程度に抑えられたニューヨークのブティックホテル「PUBLIC Hotel（パブリック・ホテル）」の創設者であり、ホテル業界に革命を起こしたと言われるイアン・シュレーガー氏の言葉を引いて次のように述べる。

「彼の言うように、顧客が本当に欲しがっているものを提供することが、現代にフィットするラグジュアリーだと考えています。現代の、とくにクリエイティビティに溢れている人たちは、利便性に対して非常に敏感。そして仕事と遊びの境界が曖昧です。そういう人たちがホテルに求めるのは、荷物を運んでくれるポーターや豪華な食器ではなく、高速Ｗｉ－Ｆｉが使えたり、予約した部屋の中で自分のネットフリックスのアカウントで動画を視聴できたりするといった利便性です。その上で上質だったり、楽しめる余白があったりすることが求められているのではないでしょうか。私たちのブランドも、そういう意味でラグジュアリーでありたいと思っています」。

ここでも、「余白」という言葉が意味を持つ。前述のとおり、同ブランドのプロダクトは顧客のフィードバックをベースにアップデートされる特徴を持っている。それはつまり、プロダクト作りに顧客が関与している、共創しているということだ。

ナラティブの延長線上で共創を語るとき、「余白」は重要なキーワードである。余白があるとは、企業やブランド側で使い方を限定しないということ。つまり、ユーザーが自由に解釈できる余地があるということだ。

例えば、同ブランドは２０１９年12月、ものづくりの可能性を広げるべく、さまざまな領域で活躍するスペシャリストとプロダクトを共創する「Co-Prototyping」というプロジェクトをスタートさせ、第一弾としてドローン専用のバッグを製作した。

実際にそれを販売してみると、ドローン専用バッグにカメラを収納して使っている顧客がいることがわかった。自分たちが思っている以上に、プロダクトが使われるシーンに多様性があると感じたそうだ。このフィードバックを受けて、ドローン専用のバッグはアップデートされ、カメラバッグとして販売された。

そのプロダクトをどう使うかには、使う人のライフスタイルや生活のストーリーそのものが表れる。同ブランドのアートディレクター・山中学さんは次のように語る。

「実際に使っている人にインタビューさせていただく場では、具体的に何を入れているのか、また、時間の使い方やその情景が浮かぶような話もしていただいています。例えば休日は公園で本を読んでいるとか、週末はＳｌａｃｋは非通知にしてオフラインの作業に集中するようにしている、ということまで。それが思い浮かぶからこそ、ユーザーのストーリーに向けて思い切りものづくりができる、という側面はありますね」。

消費者は、そのブランドがやろうとしていることやミッションに共感してプロダクトを買ったり、応援したりする。そのブランドのストーリーに自分を重ね合わせる。

objcts.ioの場合、「考える人のためのワードローブ」というブランドミッションだけでな

図表3-8　ブランドミッションは「考える人のためのワードローブ」

画像提供：objcts.io

く、「自分の世代が欲しているレザープロダクトがない」という創業ストーリーが顧客のインサイトとぴったり重なった。

そして、ブランドに深く共感しているからこそ、高い熱量で周囲の人間にもそのプロダクトの良さを伝えようとする。実際、objcts.io のショールームを訪れた人に、どこでプロダクトを知ったのかを聞くと、すでに objcts.io のプロダクトを使っている友人があまりにも熱心にその良さやブランドの志を語るので、自分も欲しくなったというケースが多いのだという。

ナラティブであることは、ブランドという透明ドームの中に、ユーザーを引き込む力となるのだ。

4 ビヘイビア・プリンシプル：行動を起こすナラティブ

「ナラティブカルチャー」を企業にインストールする

ソーシャル・レスポンシビリティ、そしてビジネス・トランスフォーメーションの領域とナラティブがいかに密接か。そこに「ナラティブを企業の血肉とする」ための可能性があることを、ここまで話してきた。ナラティブ発想を企業にインストールするにあたっての領域の3つめは、「ビヘイビア・プリンシプル」——従業員をはじめ、人々の行動原理や行動指針とナラティブの関係についてである。

本書では一貫して、ナラティブカンパニーにあるべき考え方や実践の方法を指南してきた。しかし、果たしてそれだけでナラティブカンパニーへの道は開けるのだろうか。僕はここに、ひとつ重要な要素があると思っている。それは「企業カルチャー」だ。企業やブランドがナラティブであるためには、**それを理解し肯定する組織文化――「ナラティブカルチャー」**が求められる。

ひょっとしたら、ナラティブ色の強いキャンペーンを企画実行するくらいは、多くの企業にとってやれないこともないだろう。しかし、永続的なナラティブを実践していくとなると、広告やＰＲなどの表現や情報発信を刷新するだけでは難しい。真のナラティブカンパニーでは、ナラティブ発想それ自体が、企業組織に浸透し組み込まれている。その代表格が、本書でも何回か言及したアマゾンだ。

アマゾンの新規事業やサービス検討会議に、見栄えの良いパワーポイントのプレゼンは使われない。会議では、参加者皆が、まずは起案者の準備したナラティブを押し黙って読むところから始まる。

アマゾンの事例

パワポより、ナラティブを書く文化

世界中でビジネスを展開する多国籍大企業アマゾン・ドット・コム（Amazon.com）について、本書で詳しく説明する必要はないだろう。１９９４年、創業者ジェフ・ベゾスがオンライン書店としてスタートさせた同社はいまや、私たちの生活になくてはならないインフラ的存在だ。

そのアマゾン社内では、会議用を含む社内文書のほぼすべてで、パワーポイントは使わない。その代わり求められるのが「ナラティブ」だ。これはアマゾン独自のフォーマットにしたがって作成された1～6ページ程度のドキュメント（文書）を指し、具体的な日々の仕事、新規事業といった大きな案件などすべてにおいて、もっとも重要視されている大切なものだ。

そのため、アマゾンにはオリジナルカリキュラムの、ナラティブのライティング研修がある。全世界の社員が、高いレベルのナラティブを書くスキルを求められ、極端な話、ナラティブをうまく書けないと、やりたいことがあってもアマゾンで活躍することはかなわない。

そもそも、ナラティブを書くカルチャーはどのように出来上がったのだろうか？　アマゾンジャパンのパブリック・リレーションズ本部長の金子みどり氏は次のように答える。

「グローバル企業であるアマゾンは24時間リアルタイムで世界中とつながっています。そんな弊社が世界中のあらゆる場所にいるチームと一緒に何かをやろうとしたとき、みんなが同じレベルの考え方や理解ができてはじめて、スピード感を持ってプロジェクトを推進できます。このとき、あらゆる議論の基盤となっているのが、ナラティブ。ナラティブは共通言語で議論するための大切な起点です」。

会議資料でよく使われるのは、パワーポイントに箇条書きで要点がまとめられた書類だと思うが、それをプロジェクターに投影してプレゼンを行う会議スタイルが一般的だろう。

しかし、読者の皆さんも経験があるのではないだろうか？　見栄えのいいパワーポイントを使った、なんだか素晴らしいことを言っているように見えたプレゼンだったのに、後日改めて内容を精査してみると、その場での認識と違って読めたり、実は中身のあることは何も言っていないとわかったり——ということが。

アマゾンでパワーポイントを使用しない理由がここにある。箇条書きだと、それを読む側は「あの時こんなことを言っていたような？」と記憶が曖昧になり、資料の内容と認識がズレてしまう可能性があるのだ。「なんとなくわかった気になる」ことを避け、資料の中身を正確に理解してから議論するために、アマゾンでは、新規事業やプロダクト開発の企画をはじめとして、あらゆる場面でまずは仔細にナラティブを書く。

また、プレゼンを行うのは、結局は社内の人間だ。ともすると、顧客のためという大義名分のもと、実は自分の仕事を早く進めるためにビッグワードを使った魅力的なプレゼンテクニックで企画を押し通すということもあるだろう。企業が事業を続ける上で、それは本末転倒ではないだろうか？

金子氏がアメリカ本社の会議に出席した時の話がある。ナラティブがどのくらい重要視されているかが、よくわかるエピソードだ。

「少し遅れて会議室に入ったのですが、みんな下を向いて一言も話さずにナラティブが書かれた書類を読んでいるんです。聞こえるのは紙をめくる音だけ。会議の最初の30分間、出席者は提出された書類を穴が開くほど読み込みます」（金子氏）。

出席者のみんなが読み終わると、今度はその内容について、侃々諤々の議論が始まる。議論は1時間以上にも及ぶ。

「Amazon Go」もナラティブから生まれた

画像提供：アマゾンジャパン

「議論が始まった途端に、鋭い質問が矢のように飛んできます。これはナラティブを書いた人の間違いや認識不足を攻撃しているのではなく、ナラティブをどんどん強化させていく仕組みでもあります。データひとつとっても、お客様にとって役に立つ内容なのか、さまざまな角度で仔細に読み込みます。

アマゾンはよくデータドリブンと言われますが、データ自体が解ではなく、データをベースにさまざまな観点から議論を重ねていきます。つまり、ナラティブを書く最終目標は、高いレベルの議論を戦わせ、正しい決定をして、それを素早くアクションにつなげることです」（金子氏）。

つまりアマゾンのナラティブは、未来の顧客（ステークホルダー）にとって、その事業やプロダクトを使うとどんな良いことがあるのか、そして物語的に整合性があるのかが重要視される。そして、6ページのナラティブを書き上げるまでに、何カ月もかけることもあるそうだ（図表3－9）。

そして冒頭でも書いたとおり、アマゾンのナラティブライティングには、独自のルールがある。例えば、次のようなものだ。

①曖昧な形容詞を使わない

・たくさんの人が来ました
・昨年にもまして高い評価をいただきました

といった中途半端な形容詞はNG。なぜならこのような表現にはベンチマークがないから。もし高い評価をいただいたということを言いたいのならば、「昨年はこういう評価を〇〇件いただきましたが、今年は〇〇件になりました」と具体的にデータを用いて表現しなければならない。数字、データは嘘は言わない。つまるところ、ビッグワーズを使ってヒューマンパワーでプレゼンを押し切るな、ということだ。

②オーディエンス（読む人）は誰かを把握しておく

自分が何を売り込みたいか、何を書きたいかではなく、オーディエンスが誰かをきちんと把握し、相手にとって価値や意味のある内容を書かなければならない。知識や経験のレベルの違う初見の人が読んでも理解できるような書き方を求められるのだ。なので、ナラティブが独り

図表 3-9　アマゾンにおけるナラティブライティングのガイドライン例

画像提供：アマゾンジャパン

よがりな内容にならないように、完成版に至るまで、同僚やメンターに相談するなどして、どんどんブラッシュアップしていくのだそうだ。

このような訓練を受けているので、アマゾンでは、世界中のどの会議に出ても、どのナラティブを読んでも、誤解なく正しく内容を理解することができる。

そして、ナラティブを書くカルチャーの基盤となっているのが、アマゾンのミッション「地球上で最もお客様を大切にする企業になる」と、アマゾン社員に求められる14項目のリーダーシップ・プリンシパル（行動規範、行動指針）だ。ナラティブを書くときや議論をするときは、目の前にお客様が座っていると想像し、それがたとえ売り上げが上がる施策であっても、お客様にとってマイナスにならないか、利便性が失われないか、ミッションとリーダーシップ・プリンシパルを軸に議論するそうだ。

アマゾンでは何か新しいことを構想した時は、必ずナラティブを書く。ナラティブを書くから必ず成功するという訳ではないが、書く作業そのものよりも、顧客視点で考え抜くこと、大袈裟な表現を使わず誠実であることが求められる。ナラティブを書くことは、マニュアルではなく、カルチャーや暗黙知も含めたところに、会社の仕組みとして機能している。そしてこのナラティブを書くカルチャーが、アマゾンの事業のスピード感の基盤になっている。

ナラティブは「仕組み」である

アマゾンの話から、気づくことがある。それは、ナラティブとは「仕組み」でもあるということだ。なんのための仕組みかと言えば、第一に、「顧客起点」で考えるということだろう。一見、当たり前の話にも聞こえる。しかし、「顧客第一主義」を掲げながら、その実、それを実践する仕組みになっていない企業組織は多い。

お題目としては顧客起点でも、実態は企業や部門の思惑が優先される。言うまでもなく、顧客起点とはお客様の声（顧客接点現場で起こっている事実・現実）を捉え、その声を自社のサービスや事業戦略に活かすことだ。

「パワーポイントを使わない」以外にもアマゾンを象徴するエピソードに「会議室の空席のイス」がある。ジェフ・ベゾスは、重要な会議には必ず1脚の「空席のイス」を用意する。そのイスは、ここにはいない極めて重要なメンバーの席――つまり「顧客」の席だ。

どれだけ会議が白熱しても、それは当事者である自分たちの視点に陥ることが多い。そのアイデアを顧客はどう思うだろうか？　ほかに求めていることがあるのではないか？　「空席のイス」の目的は、こうした視点をリマインドし、顧客起点の発想で意思決定することにある。

ナラティブもこれと同じこと。顧客やステークホルダーの物語が不可欠なナラティブをベースに検討することで、企業は顧客起点の発想を維持することができるのだ。

そしてもうひとつが、「アラインメント」のための仕組みだということ。外資系企業にお勤めの読者はひょっとするとおなじみかもしれないが（正確に訳すのが難しい用語のひとつだ）、アラインメントとは、言ってみれば「組織における合意形成」というニュアンスが近い。英語の「Alignment」を直訳すると「整列」「一直線」「提携」。本質的な意味合いとしては、「異なる物が同じ方向を向く（向かせる）」ということだ。

このあたりで、ピンと来はじめた方は、社内の取りまとめに苦労されていることだろう。あらゆる部門と人々にはそれぞれの立場とミッションがある。だから、ともすると違う方向を向いてしまうし、社内の軋轢も生まれる。サイロ化した組織で成果が出ていればまだよいが、残念ながら時代は逆を求める。

現代（そしてこれから）は、異なる部門がいかにスピーディに連携できるかが勝敗を分ける。ましてや、エージェンシーなど社外の支援リソースも多様化する時代だ。組織構造だけで、アラインメントを実現するのには限界がある。

ここにも、ナラティブの「仕組み」としての価値がある。アマゾンでナラティブが重要視されているのも、多様な人々のアラインメントをとるため——ナラティブによって関与者全員を同じ方向に向かせるためなのだ。

「拠りどころ」としてのナラティブ

ナラティブ＝「仕組み」ということを、もう少し広げて考えてみよう。アマゾンの事例からは、

「企業内を統一するメカニズム」としてのナラティブが理解できた。一方で、企業と従業員のあり方自体が大きく変わっているのが今の時代。中でも象徴的なのが、「副業解禁」の動きだろう。

副業解禁元年と呼ばれる２０１８年、政府は「モデル就業規則」を改正。「許可なく他の会社等の業務に従事しないこと」となっていた規定が、「勤務時間外において、他の会社等の業務に従事することができる」に変更された。さらに、２０２０年には「副業・兼業の促進に関するガイドライン」も改定され、労働時間管理のルールなどが明確化される。

これらを受け、ソフトバンク、サントリー、花王、みずほフィナンシャルグループ、リクルート、丸紅、日産自動車などの大手企業で副業が解禁された。この流れは政府主導のもと、加速的に広がるだろう。

こうなってくると、「何のために働くのか」という意識も変化する。「大企業に属しているから」「企業が決めた目標だから」という理由は、かつてほど行動のモチベーションにはなり得ない。そして、ミレニアルズやZ世代にとって、それはより顕著だ。所属組織よりも、「社会の何の役に立つのか」という目的のほうを重視するようになる。まさに「パーパスドリブン」な価値観なのだ。

業界や社名に惹かれないのだとしたら、彼ら彼女らの**「拠りどころ」**はどうなるのだろう――その答えがナラティブだ。パーパスが明確で、ワクワクする物語の一員となりたい。モチベーションはそれに尽きる。彼らは**「人気企業」に集まるのではない。「人気ナラティブ」に集結するのだ。**

SUNDREDの事例

「新産業共創」の「拠りどころ」となる

２０１９年７月にローンチしたＳＵＮＤＲＥＤのＣＥＯ、留目真伸氏は、レノボ・ジャパンやＮＥＣパーソナルコンピューターなど多くの企業の要職を歴任。大企業のマネジメントや新規事業の立ち上げ、スタートアップの経営を通じて、個社で新規事業や新しい産業をつくっていく難しさを実感したそうだ。

「レノボ・ジャパンでタブレットを扱ったときに実感したのですが、タブレットという製品それ自体がＤＸそのものなんですね。何か新しい価値創造の仕組みができる、サプライチェーンが大きく変わっていく、バリューチェーンを新しくつくっていく。そういう中で、インプット／アウトプットのデバイスとしてのタブレットの位置づけが決まるんです。つまり一社の中でつくるものではない。複数の会社が参画したり、スタートアップ企業が入ったりして、新しい目的に対して、新しいソリューションとしてのエコシステムをつくっていくことが必要になります。そういう意味で、タブレットは売り方が非常に難しい商品でしたね」（留目氏）

留目氏はタブレットの普及のために、さまざまなトライアルをしたそうだ。例えば２０１４年の夏には海の家「Lenovo House Beach Marche」（レノボ・ハウス ビーチマルシェ）を、神奈川県鎌倉市・由比ガ浜海水浴場にオープンさせ、タブレットの使用体験を提供するといった試みだ。

当初は、飲食向けのソリューションをつくるために、飲食やIT業界、スタートアップ企業などの関係のありそうな会社を、〝社名〟で選んで、声を掛けていった。しかし、海の家でやろうとしていることを面白いと思わない人が来ても、何も対話が生まれないまま、すぐに帰って行ってしまう。

一方で、ピンポイントでは担当部署の人ではないけれど、「何か面白いことをやっている」と聞きつけてやってくる人がいた。そういう人とは、「もっと面白いことができないか」と対話が始まるのだそうだ。それが求心力を生み、さらにいろいろな人が集まってくる。

結局、残るのは面白がれる人であり、その人たちが発信するナラティブが、求心力をさらに増幅させる。海の家も3年目には、地域との共創の一環として、指紋認証の決済サービスや、地元鎌倉の観光情報の提供などの新たなプロジェクトに発展するまでになった。

このような経験から、共創による新産業の創出やエコシステムづくりを、固定された製品にかかわらずに広い範囲で行う目的で立ち上げたのがSUNDREDだ。世の中にある新しい目的に対して、それをやりたい、興味があるという人たちを集め、対話をしてナラティブをつくり上げる。そして、それをやりたいと思ってくれる会社を集めてコンソーシアムを組みながら、共創していく。すると、その中で必ず新しい事業やスタートアップが成長する機会が出来上がるので、SUNDRED自身も投資を行うという訳だ。

では、SUNDREDにおけるナラティブとは何であろうか。留目氏によると、「プロジェクトの目的や、駆動できる目標を、わかりやすく世界観のかたちで表しているもの」。それによって、いろいろな企業や個人を引きつけ、共感してもらうものであるという。

複数の会社や個人を巻き込むには、「拠りどころ」が必要になる。ひとつの会社だけが儲かればいいという考えでは周りは賛同しない。こういうことのために働きたい、こういうものならつくっていきたい――といった、みんながやりたいと思えるようなことを集約できる「拠りどころ」が必要なのだ。

経営とは、ある目的に対してリソース（人・モノ・金）を集めてきて、プロセスをつくり、それをマネージして結果を出していくということ。昔は目的を自社で定義できていたし、自社にリソースを集めて、自社のマネジメントシステムを強固にして結果を出すという経営をやっていた。

しかし、一社だけでは実現できない目的を達成するとなったときは、それをどうマネージしていくのか、という課題が横たわる。上下関係や、給料、待遇などの会社の中のしがらみでは、プロセスはマネージできないことは一目瞭然だ。当然リソースも集められない。

レノボ・ジャパンの海の家のように、最終的には個人に降りてくる。なぜなら、会社は個人の集合体なのだから。これは会社同士のエコシステムをつくっていく上でも、大切な視点となる。

SUNDREDでは新しい目的に対して面白がって動ける人、動きたいと思っている人のことを「インタープレナー」と呼んでいるが、そういった人たちを集約できるのは、ナラティブしかない。世界観やその世界観への共感でしか人は動かないのだ。世の中に、こういうプロジェクトですよ、と説明する意味でも、ナラティブは大切だ。

これは、ソーシャルイノベーションの文脈と同じだ。社会問題を解決するための技術革新やビジネスモデルの変革を実行する上で、会社に属しているのだけれども、会社に言われたことだけをやっている人ではない、世の中に意義のあること、自分の求めていることをやりたいという人をいかに炙り出すかが肝要である。そのためには、共感の醸成が必要なのだ。

では、どのようなプロセスでナラティブが機能するのだろうか。同社では新産業共創プロセスを、①目的の共創、②チームの組成、③エコシステム仮説の共創、④共創会の設立、⑤事業体の強化、⑥エコシステム構築の加速の6つと設定している（図表3－10）。

そこで、同社が推進しているフィッシュファーム産業、その中でも陸上養殖プロジェクトの例で見てみよう。

まずは①目的の共創だ。陸上養殖プロジェクトの場合は、SDGsの「海の豊かさを守ろう」というテーマからスタートしている。しかし、それだけではテーマが大きすぎて、具体的にイメージにまでは落とし込めない。オープンな対話の場で、どこの領域で何をしていくと面白いのか、産業になるのか、というところまで解像度を上げてブレストした。

すると、日本では養殖に力を入れてこなかったこと、それが日本の水産資源が減ってきている理由であることなどの事実が洗い出された。そこから、陸上養殖という新しいテクノロジーを含めた周辺がティッピングポイントを迎えているという新産業の芽を発見する。

図表 3-10　SUNDREDの「新産業共創プロセス」

・(新産業テーマ) の共創、エコシステムの共創を行い、スケールする事業を創り出していきます

・アカデミアの研究とプロジェクトでの実践を通じて有効なプロセスを確立しています

ナラティブの形成と強化

①目的の共創

トリガーとなるアイデアやSDGs等の大目的をきっかけに、プロジェクトのゴールとなり得る中目的をオープンな対話の場を通じて共創する

②チームの組成

「新産業プロジェクト」を自分ゴトとして推進する「勇者」をあぶり出し、賢者・戦士・魔法使い等を含めた「クエストチーム」を組成する

③エコシステム仮説の共創

「クエストチーム」を中心に新産業のエコシステム (プラットフォーム型事業 / アプリケーション型事業の組み合わせ) の仮説を共創する

描いた世界を実現するためのプロジェクト推進

④共創会の設立

ステークホルダーとなる企業等を集め、「共創会」をスタートし、エコシステムのデザインの具体化を進める

⑤事業体の強化

エコシステムの中核となる「トリガー事業」を特定し、強化を行う

⑥エコシステム構築の加速

「トリガー事業」の加速を支援するとともに、共創によるエコシステムの構築を各社の事業推進を通じて加速していく

出所：SUNDRED

プロジェクトのゴールとなりうる中目的を共創できたところで、②以降、つまり、インタープレナー（目的を面白がることができて、自律的に行動できる人）を集めてチームをつくり、新産業のエコシステムの仮説を立てて、ステークホルダーとなる企業を集め、共創会を設立するというプロセスに入る。同社では陸上養殖のエコシステムの構成を、大学や研究機関（R＆D）、生産者やシェフ（生産）、そして消費者（消費）と設定した。

大事なのはここからだ。あなたは単に「陸上養殖をやりましょう」と言われて、「面白そうな事業だな」と思うだろうか。例えば、これが古い世界観での市場原理、つまり限りある市場の中で1、2社が市場を占有し利益を取っていくという話なら、「大量生産のための大きな水槽が必要で大事業になるな」という発想になる。しかし、それは魅力的な世界だろうか。成長領域は示しているけれども、ナラティブではない。

ここで必要なのは、どんな生き方をしたいのか――どんなものを口にして、何に満足を感じるのかといった世界観の提示だ。サスティナブルで安心安全で、それでいてお金になるような大きな産業をつくっていこう、というナラティブが必要なのだ。

付け加えると、ナラティブと事業計画書は違う。ナラティブができ、エコシステムが出来上がって、はじめてステークホルダーとなる企業の参加の仕方の絵が見えてくる。そこからようやく事業計画書がつくれるという訳だ。

同社の陸上養殖プロジェクトは、養殖事業者・大学との連携を通じて実証を実施し、効果が検証できたことから、陸上養殖のプラットフォーム事業会社、さかなファームの設立に至り、さまざまな事業者や企業、シェフなどとの共創を推進する新産業となった。

　これからの時代、個社が新産業の創出やエコシステムづくりを担うことは不可能だ。企業が何かを成そうとする時には、多くの個人や企業を巻き込みながら、物事を進めなければならない。ＳＵＮＤＲＥＤの事例のように、目的の拠りどころとなるナラティブをつくること。それが大切になるのだ。

5 ナラティブカンパニーの時代

ナラティブは企業価値に直結する

ナラティブを企業にインストールし、組織の血肉にするとは、どういうことか。3つの領域を通じて解説してきた。読者の皆さんはもうおわかりだろう。ナラティブは、「なんとなく聞こえの良い企業ストーリー」ではない。ここで、はっきりと言っておこう。

ナラティブは、企業価値を最大化し企業を成長させる。

経営の視点から、企業成長とナラティブの関係を整理してみよう。ポイントは3つに集約できるだろう。まずは**「価値の共有」**。ナラティブがあることで、その企業が本来持っているDNAやパーパスがより可視化される。その価値が世の中に明確に提示され、ステークホルダーの間で共有されている企業は強い。

2つめのポイントは、**「判断」**だ。企業の成長には、スピーディーかつ正しい判断が欠かせない。やるべきことは何で、やる必要がないことは何なのか。ナラティブがあれば、その判断は容易になる。物語的な構造は、将来起こること（起こすべきこと）も含めて、世の中における企業やブランドの立ち位置を明確にしてくれる。

そして最後に、**「人材」**。結局のところ、企業は人の集まりであり、人が企業を成長させる。ナラティブによる共体験は従業員の結束を高め、「自分はなぜこの企業に属すのか？」という理由を強固にさせる。優秀な人材も、「自分もそのナラティブに参加したい」という理由で集まってくる。

スタートアップにこそ必要なナラティブ

本書で紹介してきた事例には、比較的大きな企業が多かったかもしれない。しかし、ここであらためて僕が強調したいのは、**スタートアップにこそナラティブが重要**だということだ（ソニーもはじめは町工場という〝スタートアップ〟だったわけだが）。

資金調達やＩＰＯを目的とした「エクイティストーリー（投資家向け対外説明）」という意味ではない。広く社会に存在意義を示し、ステークホルダーを巻き込む、物語的な共創構造が大切なのだ。

そもそも、スタートアップであるからには、（潜在的な）関与者をワクワクさせなければならない。そこには、右脳的な「物語の力」が必要となる。また、ＰＡＲＴ２で解説したように、ナラティブがパーパスの具現化であれば、それは投資判断にも直結する場合がある。

こんまりこと近藤麻理恵氏のKonMari Mediaに、世界最大のベンチャーキャピタルである米セコイアは投資を実行した。近藤氏の「本来のときめく自分に戻る」というナラティブに共感したからだ。このことは、ナラティブによって投資家さえも共創構造の中に組み込まれることを象徴している。

さらに、スタートアップにとって、自社やプロダクトに対する世の中のパーセプション形成が重要となる局面がある。スタートアップは、そもそも社会に存在しなかったサービスやプロダクトを生み出している。となれば、自社を知ってもらうこと（認知）に加えて、どういうパーセプション（認識）を持ってもらうか、は重要な目的になり得る。

正しく認識されていないものを、過度に宣伝しても意味がない。ナラティブは、好ましいパーセプションを形成するという目的のためにも機能する。スタートアップにこそ、戦略的なナラティブスクリプトが必要なのだ。

「ナラティブかどうか？」という価値基準

さて、そろそろ本書も終わりに近づいてきた。「ナラティブ」という言葉を最近なんとなく聞くようになったけれど、いまひとつ意味することがよくわからない――そんな読者が本書を手にとってくれたはずだ。本書を通じて、ナラティブとストーリーの違い、ナラティブが注目される背景、ナラティブの実践に必要なステップなどが明確になっただろうか。

　ナラティブはいわゆる「バズワード」ではない。むしろ普遍的とも言える考え方だが、これまで断片的に理解され、局地的な使われ方をしてきた。それが、ここ数年の情報環境や社会の変化でジワジワと注目されるようになり、今回のコロナ禍で加速した「3つの変化」――「共体験価値の高まり」「社会的距離の見極め」「自分らしさが問われる」――によって、その体系的な実践が求められるようになっている。

　ニューノーマル時代を迎えて、**「ナラティブかナラティブでないか？」**は企業にとってひとつの**重要な価値基準になる**だろう。

「その広告キャンペーンはナラティブか？」
「その商品開発はナラティブか？」
「その新事業はナラティブか？」
「その企業行動はナラティブか？」

――すべては「ナラティブ＝物語的な共創構造」を前提に起こっていることか。

それが、企業の永続的な成功に大きな影響を与える時代なのだ。

最後に、もう一度整理しておこう。

図表 3-11　ナラティブカンパニーのチェックリスト

1. そこに「物語」はあるか？

ナラティブの大前提は「物語性」である。単なる企業情報や商品スペックではなく、人々を魅了し、記憶させ、関与させる物語の持つパワーはあるか？

2. それは「共創」されているか？

ナラティブでは、物語は「共創」されていなければならない。物語の主役が企業やブランド（=ブランドストーリー）ではなく、「複数の集団共有ストーリー（Collective Stories）」になっているか？

3. それは「構造」として機能しているか？

ナラティブは、立体的かつ継続性をもった「構造」である。ナラティブという建築物の中で、広告やPR、商品開発や採用などの企業活動が営まれ、現在進行形で続く構造になっているか？

1　そこに「物語」はあるか？

ナラティブの大前提は「物語性」だ。単なる企業情報や商品スペックは、現代社会においては大きな意味を持たない。一方、我々はストーリーには惹かれ、記憶し、関与する。心が動いたり、そこに何らかの意味を見つけたりすれば、率先して人に話したくなる。それが物語の持つパワーだ。

2　それは「共創」されているか？

ナラティブでは、物語は「共創」されていなければならない。物語の主役が企業やブランド（＝ブランドストーリー）ではなく、「複数の集団共有ストーリー（Collective Stories）」である必要がある。ナラティブには、ユーザーや生活者、その他のステークホルダーが関与できる「余白」が用意されていなければならない。

3　それは「構造」として機能しているか？

ナラティブは、立体的かつ継続性を持った「構造」である。どれだけストーリー性があっても、単独の広告やパブリシティはナラティブではない。例えれば、ナラティブという建築物の中で、広告やＰＲ、商品開発や採用などの企業活動が営まれる。ワンショットではなく、現在進行形で続いていく構造がナラティブだ。

これが、本書における、いわば「チェックリスト」だ。この3つのどれかが欠けてもいけない。この3要素がすべて揃って初めて、それはナラティブであり、その実践企業はナラティブカンパニーと呼ばれるだろう。

ビジョナリーカンパニーからナラティブカンパニーへ

本書のプロローグに登場する、伝説的なＣＭ、「１９８４」でアップルがマッキントッシュを世に出してからちょうど10年後。１９９４年に出版された一冊のビジネス書が世界的なベストセラーとなった。ジム・コリンズが書いた、『ビジョナリーカンパニー　時代を超える生存の原則』だ。

時代を超える「偉大な企業」は、そうではない企業といったい何が違うのか？——この問いに答える同書の要諦は、「独自の基本理念が求心力となり企業を継続的に進歩させる」というものだ。この普遍的な真実は、四半世紀が過ぎた２０２１年の今も色褪せるものではない。

ビジョナリーカンパニーの提唱は、世界中の経営者に「基本理念＝ビジョン」の重要性を知らしめ、多くの企業が独自のビジョンを策定するようになった。やがてそれは、本書でも言及している「存在意義＝パーパス」へと進化していく。

ところで、『ビジョナリーカンパニー』には次のような一節がある。

ビジョナリーカンパニーになれる正しい基本理念はない。それよりも、理念が本物であり、どこまで理念を貫き通しているかのほうが、内容よりもずっと重要である。

ナラティブの重要性と実践を解いた本書だが、ナラティブの起点は創業者やブランドの思い、つまりビジョンやパーパスにある。裏を返せば、ナラティブの実践こそがビジョンやパーパスの具現化にほかならない。終わりなき共創の物語構造——ナラティブを実践するナラティブカンパニーの出現は、時代の変遷の中における必然でもある。

ニューノーマル時代は、ナラティブカンパニーの時代なのだ。

おわりに

「物語を伝えるためにツールを使っているんだ。ツールを使うために物語を伝えているんじゃない。（You're telling a story using tools, not using tools to tell a story）」

映画監督ジョージ・ルーカスの言葉だ。世界で最も知られた「物語」を創作した彼は、映画製作の世界で、数多くのテクノロジーを「発明」したことでも知られる。『スター・ウォーズ』という一大叙情詩を語るための必要性から生まれた、数々の音響や特撮のニューテクノロジー。この発言は、そうした「ツール」に注目が集まることへの牽制でもあっただろう。僕たちはあくまで物語を語りたいのであって、ツールを使うことが目的じゃないんだ、と。

デジタルトランスフォーメーション（ＤＸ）やマーケティングテクノロジーの進化に注目が集まる現在のビジネスシーンを眺めれば、ルーカスの言葉も示唆的に響く。ニューノーマルの時代に、企業は物語を語り、ステークホルダーを巻き込み、永続的な共創構造をつくっていかねばならない。あらゆる「ツール」は、その実現のため——ナラティブカンパニーとなるために存在する。

ここ数十年で、企業の「サイロ化」は一気に進んだ。機能特化させ責任を分散させた組織と、そこに紐づく人々。しかし時代の不確実性は増し、ステークホルダーは多様化し、企業はより大きな舞台――社会における存在意義を問われる。そのためには、入り組んだサイロに閉じ込められた、知見や暗黙知や思いを再び吸い上げて、大きな価値に集約せねばならない（これは容易なことじゃない）。

そして僕は、本書で主張したナラティブという概念が、そのひとつの解決策になると信じている。

ナラティブとは、「物語的な共創構造」である。

ここまで読み終えたあなたは、本書で再三繰り返された、このナラティブの定義に「腹落ち」しているだろうか？　もしそうだとしたら、本書はその役目を、ほぼまっとうしたと言える。

皆さんの企業が、ブランドが、ビジネスが、ナラティブの力によって社会と共創し、大きな成功を得ることを心から願っている。

ここで謝辞を。

20社近い、本書の取材先企業の皆さまに、心から感謝申し上げます。すべての取材は、直接お会いすることなく、リモートで実施されました。近い将来に、直接お目にかかることを楽しみにしています。

また、本文中に貴重なコメントをいただいた、音部大輔さん、嶋浩一郎さん、村山幹朗さん、川原卓巳さん、石川雅恵さん、植野大輔さん（登場順）。皆さまのプロフェッショナルな助言に助けられました。

本田事務所のクライアントや協力会社の皆さま、そして「フレキシブルチーミング」で一緒に働く皆さんには、リサーチのお願いや意見交換などで、本当にお世話になりました。

編集・構成でご協力いただいた本多いずみさん。企画の段階でサポートしてくださった玉木剛さん。いつもありがとうございます。そして、東洋経済新報社の藤安美奈子さん。実に13年ぶりに本づくりをご一緒できて何よりでした。

最後に。コロナ禍で先の見えない執筆を、いつも応援してくれた妻へ。感謝しています。そして、まもなく7歳になる我が娘へ。パパたちの世代が、せいいっぱい物語を紡いでいったその先に、いずれ君たちが迎える「より良き社会」があることを願って。

参考文献

Robert J. Shiller, *Narrative Economics: How Stories Go Viral and Drive Major Economic Events*, Princeton University Press（2019）

本田哲也『戦略ＰＲ　世の中を動かす新しい６つの法則』（ディスカヴァー・トゥエンティワン）２０１７年

フィリップ・コトラー、ヘルマワン・カルタジャヤ、イワン・セティアワン『コトラーのマーケティング４・０　スマートフォン時代の究極法則』恩藏直人監訳、藤井清美訳（朝日新聞出版）２０１７年

リード・ヘイスティングス、エリン・メイヤー『NO RULES（ノー・ルールズ）　世界一「自由」な会社、ＮＥＴＦＬＩＸ』土方奈美訳（日本経済新聞出版）２０２０年

ジェームズ・Ｃ・コリンズ、ジェリー・Ｉ・ポラス『ビジョナリー・カンパニー　時代を超える生存の原則』山岡洋一訳（日経ＢＰ出版センター）１９９５年

【著者紹介】
本田哲也（ほんだ　てつや）
本田事務所代表取締役／PRストラテジスト
「世界でもっとも影響力のあるPRプロフェッショナル300人」に『PRWEEK』誌によって選出されたPR専門家。1999年に世界最大規模のPR会社フライシュマン・ヒラードに入社。2006年にブルーカレント・ジャパンを設立し代表に就任。2009年に『戦略PR――空気をつくる。世論で売る。』（アスキー新書）を上梓。P&G、花王、ユニリーバ、サントリー、トヨタ、資生堂、ロッテ、味の素など国内外の企業との実績多数。2019年より株式会社本田事務所としての活動を開始。著書に『その1人が30万人を動かす！』（東洋経済新報社）、『戦略PR　世の中を動かす新しい6つの法則』（ディスカヴァー・トゥエンティワン）、共著に『広告やメディアで人を動かそうとするのは、もうあきらめなさい。』（ディスカヴァー・トゥエンティワン）などがある。国連機関や外務省のアドバイザー、Jリーグのマーケティング委員などを歴任。海外での活動も多岐にわたり、世界最大の広告祭カンヌライオンズでは、公式スピーカーや審査員を務めている。公益社団法人日本パブリックリレーションズ協会（PRSJ）理事。

ナラティブカンパニー
企業を変革する「物語」の力

2021年5月27日発行

著　者――本田哲也
発行者――駒橋憲一
発行所――東洋経済新報社
〒103-8345　東京都中央区日本橋本石町 1-2-1
電話＝東洋経済コールセンター　03(6386)1040
https://toyokeizai.net/

カバーデザイン……………竹内雄二
本文デザイン・DTP……森の印刷屋
印刷・製本…………………丸井工文社
編集担当……………………藤安美奈子
©2021 Honda Tetsuya　　Printed in Japan　ISBN 978-4-492-55800-3

本書のコピー、スキャン、デジタル化等の無断複製は、著作権法上での例外である私的利用を除き禁じられています。本書を代行業者等の第三者に依頼してコピー、スキャンやデジタル化することは、たとえ個人や家庭内での利用であっても一切認められておりません。
落丁・乱丁本はお取替えいたします。